La botica de tu alma
Porque la medicina está dentro de ti

La botica de tu alma

Porque la medicina está dentro de ti

Rosario Cardoso Prado

Nombre del libro: La botica de tu alma. Porque la medicina está dentro de ti.
Autor: Rosario Cardoso Prado
Diseño de portada e interiores: Citlalli Contla/Comunicación Global Design
Edición: Issa Alvarado/Diana A. Pérez/Comunicación Global Design
Coedición gráfica: Aziyadé Uriarte/Comunicación Global Design

© Del texto, 2023 (Rosario Cardoso Prado)
Primera edición: (mayo 2023)

© Reservados todos los derechos.
Queda rigurosamente prohibida, sin autorización del autor ©, bajo las sanciones establecidas por la ley, la reproducción total o parcial de esta obra por cualquier medio o procedimiento, comprendido la reprografía, el tratamiento informático, así como la distribución de ejemplares de la misma mediante alquiler o préstamo públicos. El autor es totalmente responsable por la información en texto e imágenes del contenido de esta obra.

Reg: 03-2023-051811305400-01
ISBN: 9798397305228

GLOBAL DESIGN
IMAGEN EDITORIAL Y DIGITAL
www.comunicaciongd.com

AUTOPUBLICA TU libro CON EXPERTOS
www.autopublicatulibro.com

Para Heriberto y María…

¡Mis padres!

Estas páginas son una declaración de amor a mis padres, un tributo a mis ancestros, una ofrenda a mis hermanas, a mis hermanos y a todas esas generaciones que vienen detrás de mí.

Es un ramillete de miles de palabras dedicadas a mis entrañables maestros, tanto académicos como espirituales; es un regalo amoroso para mis amigas que se convirtieron en hermanas y para esos amigos incondicionales que son parte de mi red de apoyo.

Índice

Capítulo I
La botica de tu alma   17

- Mito, alma y medicina   19
- Transitar para trascender   24
- El poder de la presencia   26
- El silencio y sus posibilidades   28
- Sentirlo para sanarlo   31

Capítulo II
La alquimia del dolor y la noche oscura   41

- La noche oscura del alma   65
- La adicción al dolor   45
- La alquimia del dolor   47
- El dolor como proceso alquímico   50
- Ríndete   52
- Expandiendo y contrayendo   55
- Los regalos del dolor   58

Capítulo III
Sanando el juicio   63

- La palabra en la receta   65
- La proyección: la radiografía   68
- La expresión como liberación del sufrimiento   69
- La extensión como cura   71
- Agendas álmicas   72
- Todo el mundo se lleva puesto algo de ti   78
- Tu pareja, el lugar más espiritual   81
- La consciencia que no juzga   83

Capítulo IV
La bondad del desapego — 87

- Desapego es poder — 89
- *Be water, my friend, be water* — 95
- Gracias, lo siento, por favor, perdóname, te amo — 98
- Rompernos — 99
- Mirarnos — 100
- Encuéntrate, y luego entonces déjate encontrar — 101
- Encuentros íntimos conscientes — 102
- Equilibrio en tu dar — 105

Capítulo V
El poder de la oración — 109

- Elevando la mente hacia aquello que deseamos — 111
- Esta es mi historia — 118
- Dios para mí — 125
- Sólo cierra los ojos — 128

Capítulo VI
La práctiva de la gratitud: Medicina preventiva — 133

- Ser agradecido genera bendiciones — 135
- Gratitud vs. Agradecimiento — 135
- ¿Qué nos exige el agradecimiento? — 136

Capítulo VII
Corrigiendo la percepción e integrando la sombra — 143

- Una percepción alterada — 145
- El cuento del cardo Carlina: El amuleto de la mujer soñadora — 150

Capítulo VIII
Una vida con propósito: El santo remedio — 157

- ¿Hoy qué te da miedo? — 159
- En la vida todo toma lo que toma — 162
- La magia de tomar decisiones — 163
- Gandhi y el niño gordo — 166

Capítulo IX
La infalible medicina del perdón — 171

- Estableciendo el equilibrio en nuestra alma — 173
- Una mente minimalista — 175
- Un cuadro de Rembrandt — 178

Capítulo X
Pensar con los pies también sana — 185

- Rompiendo el hechizo — 187
- Desaprender — 191
- Siguiendo las flechas amarillas — 193
- La atención en los símbolos: una posibilidad de cura — 195
- Te comparto una receta poderosa — 200

Bibliografía — 201

Prólogo

El veneno es antídoto. Principio contundente que implica el dualismo de que lo que enferma, también cura. Es tal esta paradoja que la palabra farmacia, propuesta por Alcmeón de Crotona, proviene del griego φάρμακον/pharmakon, que significa veneno, y que hoy usamos para designar a la ciencia y al lugar destinados a la preparación, conservación y dispensación de remedios que nos curan. El veneno, por lo tanto, muchas veces cura.

Vivimos en una era tóxica y en un mundo en el que no estamos libres de exponernos al veneno. La OMS (Organización Mundial de la Salud) ha cuantificado que el aumento anual de casos de ansiedad y depresión es superior al 25 %, y que casi mil millones de personas —entre ellas un 14 % de los adolescentes de todo el mundo— están afectadas por un trastorno mental. Y podríamos culpar al mundo, a los demás y a nuestro contexto por salpicarnos de tanto veneno. Sin embargo, no somos víctimas. El veneno no está en los demás. ¡Está en nosotros! Como en nosotros también está la capacidad de curarnos, pues si el veneno es antídoto, la medicina ya está en ti. Solo debes aprender a buscarla en la botica de tu alma.

Si tienes este libro en tus manos, es porque necesitas un bálsamo para tu corazón y estás en la búsqueda de un remedio para recuperar algo que sientes perdido. Así estaba yo en el 2020, hasta que la vida y el destino me pusieron frente a Rosario Cardoso. Escucharla fue medicinal, pues no solamente apapachó mi corazón, sino que me ayudó a encontrarle sentido a lo que estaba viviendo y a darme cuenta de que, si había sombras, es porque en otros lados había mucha luz. Fue la boticaria que, sin saberlo, me recetó la dosis de salud mental que tanto necesitaba.

Te doy la bienvenida a esta farmacia, a este espacio destinado a la preparación, conservación y dispensación de remedios que nos curan el ánimo. Bienvenido a un viaje de recetas milenarias y antídotos de vanguardia, sustentados en una amplia investigación, que lo mismo cubre de la mística a las neurociencias, que de la semiótica a la teología. Siempre de la mano de la tranquilizadora voz de Rosario, quien, con su historia de vida, es la principal testigo de los beneficios que esta medicina emocional puede tener. Bienvenido seas a *La botica de tu alma.*

Con cariño,
Álvaro Gordoa

Introducción

A lo largo de mi vida, he encontrado en mi camino bálsamos, ungüentos y tónicos como el cuento, el mito, la meditación, la oración, el movimiento, los mantras, el canto, la escritura creativa y la conexión con la naturaleza; recursos que se han convertido en esa medicina que mi alma ha necesitado para restaurarse, para sanarse cuando siente dolor o cuando alguna vieja herida se abre y supura. La realidad es que me gusta imaginar que el alma de cada ser humano es como una gran farmacia que tiene todo lo necesario para lograr la propia curación, y me parece que parte del trabajo en nuestra vida consiste en, poco a poco, ir descubriendo todo eso que se nos ha venido dando a lo largo del camino, inclusive como medicina preventiva, por ejemplo: la gratitud, el silencio, el perdón, la fe y la presencia consciente.

También, creo fielmente que las cosas más sencillas y naturales son las más sanadoras, como cuando nos tomamos el tiempo de contemplar la belleza de una flor o una puesta de sol, admirar la sonrisa de un niño, dar un abrazo estrujado, acariciar a nuestra mascota, caminar descalzos en el pasto, sentir la lluvia, escuchar las olas del mar, escalar una montaña, respirar con profundidad y presencia, llorar intensamente, suspirar, gritar al aire o dar una sacudida al cuerpo de manera orgánica, como lo hacen los animales.

El alma es vieja y sabia, conoce la receta, pero nuestro ego es resistente ante la posibilidad de dejarse llevar por esa sabiduría infinita que nos guía, la que está en todo y a la que le pertenecemos, ese Gran Espíritu en el que habitamos y nos habita, esa luz que nos llena y nos transforma. El ego es esa posibilidad que se nos da para, con un poco de autoobservación, afinar nuestros dones de curación, ¿acaso se puede aprender algo sin práctica?, estarás de acuerdo con que la práctica es tan necesaria como la teoría, es la práctica la que nos da maestría y multiplica nuestros dones y talentos.

Todos somos, en esencia, sanadores; tenemos incluso el don de curarnos el cuerpo a través de la sanación del alma. Sin embargo, requerimos tiempo y energía, necesitamos enfoque y disciplina para que esto ocurra.

Este libro es una especie de guía que te permitirá inventariar muchos de esos recursos internos que están ya inherentemente en ti, algunos, probablemente, empolvados en la estantería de tu corazón, otros los usas de manera consistente y algunos más los has venido consiguiendo poco a poco y no te has percatado de su existencia, no obstante, están ahí, en esa gran farmacia, en la botica de tu alma, listos para ser utilizados en caso de emergencia, como suplementos para fortalecer tu sistema espiritual inmune, como vacunas, antídotos, o bien, como medicina preventiva.

Deseo que, una vez que hayas terminado su lectura, tu pulso hacia la vida sea más fuerte y que, luego de todo, hagas de tu salud emocional una prioridad, que en tu agenda existan espacios de consulta, observación y cuidado a tus cuerpos sutiles, que te nutras del infinito oxígeno mientras meditas y hagas de todo tu ser ese espacio saludable que te permita trascender y acompañar a otros a descubrir su propia medicina.

Con profundo amor,
Rosario Cardoso

Los mitos son pistas de las potencialidades espirituales de la vida humana.

Joseph Campbell

CAPÍTULO I

La botica de tu alma

Mito, alma y medicina

Cuenta una de las tantas versiones de un mito hindú que Shiva, el dios destructor, en una ocasión partió a la guerra, en tanto, su esposa, Parvati, la diosa madre y representante del ciclo de la vida, se quedó sola; era tal su sensación de vacío que un buen día comenzó a tallar y a tallar su cuerpo con las manos hasta que, sin darse cuenta, concibió a Ganesh, «el removedor de obstáculos», y así, ella nos mostró el potencial divino que ha sido dado a todo ser humano, esta capacidad de transformar y crear, aun estando en los instantes de mayor oscuridad.

Lo que me gusta del mito es la manera en que le da la vuelta a la razón, porque cuando escuchamos alguno sería absurdo cuestionarnos si es verdad; sin embargo, encontramos un vínculo tácito entre sus personajes y muchas de nuestras experiencias personales. Lo que aprecio de la versión de este mito en particular es cómo la diosa, en medio de su tristeza y soledad, pudo darse a sí misma lo que estaba necesitando, haciendo uso de su poderío, movida por una profunda tristeza, ahí, en medio de su noche oscura, pudo gestar a uno de los dioses más venerados en el hinduismo.

En mi altar está Shiva como figura central, es mi representación más bonita de la energía del padre. Shiva y su danza cósmica lo ordena todo a través de una coreografía perfecta. Crear, sostener, diluir, recordar y olvidar son cinco de sus poderes.

Shiva, es el dios del cambio, el dios de la impermanencia. Shiva nos impulsa a tener el valor de entrar a la cueva del corazón, nos invita a sentir «de a de veras», ver «de a de veras» y escuchar «de a de veras». Danza en medio del fuego en este elemento alquímico de transformación, invitándonos a que nuestro corazón pueda mantenerse expandido en medio de esta danza cósmica y que podamos dejarnos sostener por esa fuerza-energía que habita en el inconsciente de cada ser humano. A veces creemos que la divinidad nos ve desde afuera, pero no, en realidad, nos mira desde dentro.

¿Por qué decidí comenzar utilizando el mito como recurso?
A lo largo de mi vida, el mito y el cuento han jugado un papel trascendental, no sólo en mi vida creativa, sino también en mi evolución como ser humano. El aprender a mantenerme atenta a los símbolos, sueños e imágenes que me visitan durante la noche, mientras leo un libro o escribo, cuando sostengo una conversación con alguien, durante una terapia y práctica de yoga o mientras camino por lugares como el centro histórico de la ciudad o la Basílica de Guadalupe, me ha permitido, además de adentrarme a mí misma y humanizarme, agudizar mi intuición y, quizá lo más importante, cerrar ciclos dentro de mí, cambiar mi discurso y reinventar mi historia para renacer las veces necesarias. También, el hecho de ritualizar y abrazar mis noches oscuras ha fortalecido mi dimensión espiritual, ayudándome a dar saltos cuánticos desde el punto de vista de la consciencia; cada vez que integro un pedacito de mí al identificar el personaje o máscara que juego, o cada vez que observo mi sombra y mi ego, se rinden ante lo inexplicable y muero y renazco en una mejor versión.

Pero y a todo esto, ¿qué es el mito?
El término 'mythos' en griego (deriva de raíz indoeuropea: 'meudh' o 'mudh') viene a significar un hablar formulado, lo que solemos llamar también un relato o una narración. Y lo que es común a estos tres términos, es la condición de algo continuado, algo que se desenvuelve, como un proceso que inicia, se desarrolla y que culmina [...] El mito tiene una fantasía sin límites y no tiene lógica. Los personajes principales suelen ser sobrehumanos. Los mitos parecen

desarrollarse habitualmente en un pasado atemporal y los cuentos en un tiempo histórico, aunque sea desconocido. (Acevedo, 1993, pp. 35- 43)

Cuando leemos mitos, captamos nuevos mensajes a los cuales no estamos predispuestos y así resonamos y encontramos el eslabón perdido dentro de la misma psique, la pieza que nos hacía falta para propiciar ese encuentro íntimo de ascendencia del alma, plagado, sin duda, de muertes y renacimientos, acompañados de la medicina que habita en cada uno. El ser humano vive en el exterior en función a una serie de imágenes que son proyectadas del interior de él mismo, imágenes que son introyectos, muchas veces, del mito.

Cuando era niña, tenía tan sólo cinco años, recuerdo que me sentaba en un columpio del patio de mi casa mientras mi madre hacía tortillas de maíz en el comal, ella me preparaba un taquito con sal mientras yo leía un libro, sin tapas y sin imagen alguna, de una colección de cuentos de los hermanos Grimm; era un libro viejo, a dos columnas, que me regaló una de las etapas más lindas de mi vida, porque, al leerlo, yo me convertía en muchos de esos personajes, soñaba e imaginaba cosas y, sin duda, querido lector, probablemente aquel momento haya sido tan sólo el inicio de este libro, estoy segura de que extrajo de mí el anhelo de transformarme en reina, en princesa, en diosa, en maga, en hada madrina; sin embargo, lo que supe muchos años después, es que todos esos personajes ya habitaban dentro de mí y que yo podía escoger cuándo quería ser cuál y que, incluso sin escogerlo, a veces me convertía en la bruja sabia, en la diosa oscura o en la reina buena, aprendí que las elecciones de cada personaje provenían de mi consciencia, hasta que un buen día supe que en la psicología junguiana estos elementos eran conocidos como «arquetipos».

La palabra arquetipo era utilizada por Jung (médico psiquiatra, psicólogo y ensayista suizo, quien fuera alumno de Sigmund Freud, «el padre del psicoanálisis») para referirse a todos esos símbolos universales que revelaban los aspectos de la psique, sin tratarse de representaciones heredadas, sino más bien, de pautas de comportamiento, imágenes-guía de origen ancestral, como cuando decimos que todos tenemos un niño adentro, un Cristo interno o un guerrero que libra batallas cotidianas.

Los mitos nos regalan la posibilidad de enterarnos de que somos seres profundos, llenos de recursos, que nuestra alma es una farmacia en donde está cada una de las medicinas, bálsamos y energías que necesitamos para autosanarnos; sin embargo, en medio del ruido exterior e interior, nos desconectamos de la Fuente, olvidamos cuán poderosos somos para transformarnos y para curarnos de sea cual sea el mal que estemos padeciendo. El mito se convierte en la relación entre los arquetipos y sus símbolos, no obstante, los símbolos resuenan en todos los planos de nuestra realidad, en todas las dimensiones del ser humano, especialmente en la dimensión espiritual. En el fondo, a cada ser humano le toca vivir el mismo mito y reinventarlo, haciendo uso de cada uno de sus recursos, herramientas y talentos.

Hablar del alma es una cuestión muy profunda, pese a que incluimos a la palabra 'alma' muy a menudo en nuestra semántica emocional cuando decimos: «Te amo con toda el alma», «Me duele el alma», «Dejé el alma entera», «Me tocó el alma», «Te doy mi alma», etc. Desde ahí nos imaginamos que se trata de algo infinito e invaluable, es como si ese espacio atesorara lo mejor de nosotros.

Para el filósofo Agustín de Hipona, en el alma humana están presentes los tres tiempos: pasado, presente y futuro. «El alma espera, atiende y recuerda; en forma tal que lo que espera pasa por lo que atiende para ir a dar lo que recuerda» (San Agustín, 1997, p. 248).

«De lo que ha muerto es de donde nace vida» (Platón, 2015, p. 261), dijo Sócrates en su diálogo con Cebes, quien afirmaba que el alma es inmortal, divina e indisoluble.

También, Sócrates mencionaba que el alma, al encontrarse atraída a todo lo que cambia, percibido por los sentidos del cuerpo, hacía que ésta se extraviara.

En cambio, cuando examina las cosas por sí misma sin recurrir al cuerpo, tiende hacia lo que es puro, eterno, inmortal e inmutable, y como es de esta misma naturaleza, se une a ello, si es para sí misma y puede. Entonces cesan sus extravíos y sigue siendo siempre la misma, porque se ha unido a lo que jamás varía y de cuya naturaleza participa; este estado del alma es al que se llama sabiduría (Platón, 2015, p. 269).

En *Fedón o del alma de Platón*, Sócrates apuntó, de manera enfática, a la importancia del cuidado del alma: «no solamente en este tiempo que llamamos el de nuestra vida, sino todavía en el tiempo que ha de seguir a ésta, porque si lo piensan bien es muy grave no ocuparse de ella» (Platón, 2015, p. 294).

Luego de explorar un poco la amplitud de un concepto tan místico, hace resonancia con el psicólogo junguiano, y exmonje carmelita, Thomas Moore, quien en su libro *El cuidado del alma*, dice que: «El alma no es una cosa, sino una cualidad o una dimensión de la experiencia de la vida y de nosotros mismos. Tiene que ver con la profundidad, el valor, la capacidad de relacionarse, el corazón y la sustancia personal» (Moore, 2009, p. 27).

No nos damos cuenta, pero a cada momento transformamos nuestra alma y nos convertimos en una nueva versión: cuando aprendemos algo nuevo, miramos con ojos frescos al mundo;

cuando vivimos una experiencia complicada y dolorosa, cuando conocemos a una persona, cuando aprendemos un oficio o nos ofrendamos al mundo a través de nuestra actividad cotidiana.

Todas estas metamorfosis traen consigo sus respectivos dolores de parto, porque las personas, dentro de esta tendencia actualizante, nos parimos una y otra vez a nosotros mismos, y lo importante aquí es hacernos conscientes de que los procesos que experimentamos podemos hacerlos desde la expansión o la contracción, y lo que hará la diferencia es el uso que hagamos de nuestros recursos internos, o de como yo le llamo en este libro: «la medicina».

La medicina puede resultar también un asunto un poco amargo, porque, para sanar, muchas veces tendremos que cortar, desapegarnos y suturar, habremos de integrar personas, emociones y hasta a «nuestro adversario» y que poco a poco, y sin darnos cuenta, aprendamos a relacionarnos con el otro, desde nuestra parte sana y no a anclarnos desde nuestra propia herida. El dolor con sentido es una buena catapulta para evolucionar a nivel consciencia, el dolor nos humaniza, sin embargo, la riqueza de pararnos ahí hasta tocar fondo, es que no nos queda a donde más ver, si no es que para arriba.

Transitar para trascender

Decidirnos a sanar es decidirnos a renunciar al reciclaje de nuestras emociones y, en su lugar, apostarle a su transmutación, asumiendo nuestra responsabilidad del estado de nuestra realidad, pero para sanar, habremos de sentir, de entregarnos a una emoción, de bajar nuestras barreras y tocar nuestra vulnerabilidad, sin que nuestra propia fragilidad nos asuste, pues, a la larga, es más caro vivir anestesiado y solo que sonriendo y llorando dolientes, en medio de tantas zancadillas, en medio de abrazos, desencuentros y todos esos grises que hay entre el blanco y el negro.

Sanar implica crecer, y crecer supone dejar de mirar al otro desde nuestra propia complejidad y, más bien, observar desde nuestra posibilidad, cuando miro al otro desde mi posibilidad y no desde mi complejidad, renacemos juntos y la realidad es que los nexos más importantes no los tenemos con las personas a las que amamos, sino con las que consideramos nuestros adversarios y, finalmente, las batallas son con nuestras proyecciones, desde nuestro ego necio y no desde nuestra alma profunda.

Cuando una persona crece, prevé los malos momentos, y un gran recurso de esta gran farmacia para crecer y prever, lo encontramos en nuestra pura presencia, porque cuando habitamos el lugar en el que estamos, con total y absoluta atención plena, tenemos ahí nuestra consciencia, nuestra consciencia no depende del tiempo ni del espacio, nuestra consciencia es donde está nuestra energía, es donde está la intención que le ponemos a cada pensamiento, a cada palabra, a cada acto.

Muchas veces, una actitud que entorpece nuestra propia sanación es no aceptar el lugar en el que estamos, tendemos a obsesionarnos con transformarnos de la noche a la mañana cuando, para trascender este espacio de dolor, habremos de transitarlo y abrazarnos así, mirarnos de manera compasiva y amarnos genuinamente no sólo en las buenas, sino también en las malas, decía el psicólogo estadounidense Carl Rogers: «Sólo cuando me acepto como soy, es que entonces puedo cambiar», y yo diré que sólo cuando atravieso mi vulnerabilidad, es que puedo contactar con mi fuerza.

¿Quién somete a cirugía nuestra autoestima? Nadie. Hay cosas que únicamente cada uno podemos darnos y, finalmente, la única persona con la que tenemos la garantía de que pasaremos el resto de nuestra vida es con cada uno de nosotros mismos.

El poder de la presencia

Me gusta pensar que las personas, en la medida en que nos conocemos y sanamos, nos pulimos como un espejo y permitimos que el otro se mire de manera más nítida a través de nosotros, porque ese «Yo soy tú» del que se habla tanto en las distintas prácticas espirituales, es la fórmula de la dignidad humana, y cuando yo me dispongo a sanar, tú también sanas y evolucionamos juntos.

Todos podemos bendecir sin una sola palabra a los demás, con nuestra pura disposición para sanar, con nuestra presencia podemos ordenar lo que nos rodea.

Una de las cosas que esencialmente nos enferma es la ilusión de separatividad, de creer que todos son eventos aislados, de pensar que el otro es ajeno a cada uno de nosotros, cuando todo está perfectamente entretejido, cuando el otro es sólo una proyección de lo que yo soy, tanto de cada virtud como de cada herida añeja.

La presencia cura, la empatía cura, la compasión cura, el perdón cura, la gratitud cura, sin embargo, el primer remedio es, sin duda, el autoconocimiento, el darnos cuenta de qué aprieta nuestros botones y detona eso que el maestro espiritual Eckart Tolle llama «el cuerpo del dolor», ese que surge en medio de nuestra resistencia ante lo que es, ese pensamiento estresante que está tan arraigado en nosotros por experiencias pasadas y nos genera una narrativa desgastante.

Yo imagino que nuestra mente es como un caballo, el cual, si no domesticamos, tiene la capacidad y el poder de llevarnos por lugares oscuros y escabrosos. Pensar tanto, duele, duele mucho, mientras sentir sana, pensar enferma, porque mucho de lo que pensamos no es real, ya no existe o no existe aún y quizás nunca lo haga.

Querido lector, el primer regalo que quiero que tomes a través de estas primeras páginas es la posibilidad de saberte sanando en este instante, porque este instante es lo único que tienes, no tienes más, ¿puedes observar con detenimiento cada uno de los espacios del lugar en el que estás?, ¿qué colores hay?, ¿cómo es la temperatura del ambiente?, ¿cómo es tu temperatura corporal?, ¿a qué huele?, ¿puedes distinguir cada sonido desde los más lejanos hasta los más cercanos?, ¿desde los más graves hasta los más agudos?, ¿qué sabor hay ahora mismo en tu paladar?, ¿cómo es la textura de tu ropa? Me dará gusto que comprendas que este instante es lo único que realmente posees, no tienes más, es tu cucharada de sanación álmica, es el momento perfecto para recomenzar y tomar más de lo que tu alma vieja y sabia te está ofreciendo ahora mismo, pero ¿cómo saber qué es lo que el alma nos va ofreciendo a cada momento? Dándole la posibilidad de experimentar la presencia consciente, porque justo eso que está llegando, es lo que estamos necesitando.

Entre más presencia, más capacidad de expansión del flujo energético que habita en cada una de nuestras dimensiones, y a mayor expansión, más conexión con la Fuente para ir más allá de nuestras creencias, pensamientos, percepciones y limitaciones.

El silencio y sus posibilidades

El silencio es, sin duda, una gran posibilidad para reconectar con la Fuente porque, como mencionaba anteriormente, no somos eso que tantas veces pensamos, no estamos enfermos ni física ni emocional ni espiritualmente, sólo estamos desconectados. Dicen los grandes sabios que Dios habita en el silencio, en esos espacios de vacío entre un pensamiento y otro, y que si nos damos la oportunidad de habitarlo, con certeza, tendremos revelaciones y epifanías. El silencio es una especie de vasija en donde vertemos el alma para que la magia ocurra, liberándola de nuestros pensamientos, y cuando aquietamos nuestra mente y nuestros sentidos, es cuando damos espacio a que todo se acomode. ¿Cómo podemos estar realmente atentos a lo que somos? En silencio, sólo en el silencio podremos conocer nuestros anhelos y necesidades, sólo en el silencio damos espacio a la reconexión y en esta conexión recibimos amor para ponerlo dentro de nuestras heridas.

A través del silencio y la presencia podemos acceder a eso que los grandes santos y sabios llamaban «estados de gracia», y créeme, no tienes que hacer mucho más que convertirte en consciencia plena. Los niños saben hacerlo perfectamente. Recuerdo que cuando yo era niña y jugaba Nintendo, me apoderaba de ese control y no existía nada más que el *Mario Bros.* y yo en ese momento, todos mis sentidos estaban expandidos en silencio, en presencia absoluta, ganando monedas, yendo de un nivel a otro, huyendo de Koopa. Hoy, de adulta, cuando quiero sumergirme en alguna actividad y entregarme totalmente, recuerdo mi nivel de compromiso, presencia y silencio cuando jugaba Nintendo y reconecto con mi capacidad de entrar en un estado de gracia en medio de mis limitaciones, veo que ya lo he hecho antes.

Para sanarnos, incluso parirnos a nosotros mismos, una y otra vez, necesitamos silencio, por insoportable o incómodo que parezca.

No se nos enseña a guardar silencio, a sólo ser y estar, y es que cada palabra tiene una vibración, una frecuencia, pero imagínate la frecuencia del silencio, imagínate la vibración del silencio, no sólo verbal, sino también mental. El silencio, además de hacernos caer en estados de gracia, sana corazones rotos, el silencio sana el cuerpo, da espacio a la creatividad, da espacio al perdón, da espacio al amor.

Voy a contarte una historia, amo contar historias porque me parece que es una manera de resonar juntos.

Algo de lo que de pronto me jacto, es que he tenido grandes maestros, académicamente hablando, uno de ellos, Carlo Clericó, me enseñó comunicación humanista, él es tanatólogo y sus clases tenían mucho que ver con anécdotas que él vivía. Es autor de un libro que se llama Morir en sábado, y se llama así porque él acompañaba al bien morir a niños, él se daba cuenta de que muchos niños esperaban morir en sábado porque era el día en que tenían visitas, también decía que muchos de ellos, sobre todo los que no tenían familia, sólo necesitaban de un buen abrazo para irse, una monja se lo enseñó y él pudo comprobarlo, entonces escribió ese libro basado en anécdotas de ese tipo.

Carlo hacía un trabajo muy fino con presos y familias con una situación de vulnerabilidad extrema, no sólo en términos de pobreza, sino de enfermedad y muchos otros factores.

Un día, en una de estas clases de comunicación humanista, hablábamos justamente del silencio y nos contaba lo siguiente:

En el año 2009, aquí en México, ocurrió un incendio en una guardería, la Guardería ABC, en el que murieron 49 niños, entre 5 meses y 5 años. Resulta que, en este siniestro, las llamas fundieron el techo cuando, prácticamente, era la hora de recogida de los niños; el fuego comenzó en la bodega, cuando, de pronto, se empezó a caer el techo incendiado, mientras los papás comenzaban a llegar a recoger a sus hijos. Había una pareja muy joven que justo llegaba por su bebé. En cuanto ellos se percataron de la situación, el padre, sin pensarlo, se metió como pudo a los cuneros, ubicaba perfectamente el área donde estaba su bebé, tomó al niño en medio de todo ese humo, lo sacó tapado con una cobija mientras la madre esperaba angustiada afuera, se subieron a un taxi y, estando dentro, él, al destapar la cobija, se dio cuenta de que ese bebé no era su hijo. Cuando ese evento ocurrió, afuera de la guardería se instalaron algunas carpas de ayuda psicológica y tanatológica, y Carlo estaba ahí, esta pareja inconsolable, con un dolor profundo que llenaba la atmósfera, lloraba y lloraba, y Carlo sólo los observaba en silencio, sin tratar de consolar, sin decir una sola palabra, acompañó su llanto un día, dos, tres, el esposo se hincaba frente a ella y le abrazaba las piernas, llorando, desesperado, pidiéndole perdón. De pronto, luego de algunos días de acompañamiento silencioso, mientras él estaba hincado, ella le acarició el pelo y, llorando, miró a Carlo y le dijo: «¿Cómo le hago entender que ya lo perdoné?»...

Esta historia en particular me conmueve el alma porque ejemplifica perfectamente que permanecer en silencio es un acto de compasión, no sólo es una habilidad humanista que no se nos enseña, sino que, sin este largo espacio sin palabras, ese momento de amor entre estos padres no habría ocurrido así.

A veces queremos repararlo todo con palabras. Un día, yo misma sostenía un diálogo con una persona especial e importante para mí, y él me decía: «Es que pasa que entre más queremos reparar con frases la situación, más la descomponemos».

Siempre es buena la distancia, el silencio, y alejarnos tiene la bondad de darnos perspectiva, y la ventaja es que cuando se gana perspectiva, se gana cercanía.

El ruido interno nos altera la percepción, no nos deja escuchar bien a los demás y mucho menos a nosotros mismos. Prueba cómo sería escuchar al otro con los 5 sentidos, sin pensar en tu respuesta, mientras el otro habla, sólo escúchalo, procesa lo que dice y luego respondes, sin juzgar, sin reaccionar. Hay una frase dicha por la filósofa, activista política y mística francesa Simone Well: «La atención es la más extraña y más pura forma de generosidad», y me parece que no hay nada más cierto que esto.

Sentirlo para sanarlo

Nuestra alma es tan sabia, que nos pone donde hay para tomar eso que necesitamos también de afuera, de repente nos lleva por caminos insospechados cuando tomamos decisiones que no comprendemos por qué las tomamos, lloramos y aun así no retrocedemos, si tenemos que cambiar de ciudad, empleo, casa o círculo social de manera súbita, lo hacemos, a pesar incluso de nosotros mismos, y todo para cumplir con nuestra fracción de la coreografía de esta danza cósmica de la que todos somos parte, pero también ocurre que si nos hacemos de oídos sordos, la vida nos va moviendo de poquito a poco y lo único que nos toca hacer es confiar y no resistir. El dolor nos trae de regreso a la vida, hay que escucharlo para encontrar y potenciar nuestra capacidad de placer y gozo, recuerda que en la vida todo es dualidad.

En alguna de mis clases, cuando estudiaba Desarrollo Humano, mientras hablábamos de que consciencia se trata sencillamente de «darnos cuenta», yo le preguntaba a mi maestra Bety:

—Y si ya me di cuenta, ¿ahora qué hago?
Ella respondió:
—Nada, no tienes que hacer nada porque tu consciencia misma se encargará de moverte.

Así fue como caí en cuenta de que lo único que nos toca es percatarnos, con toda la curiosidad que eso implique, porque cuando eso ocurre, en automático, nuestra alma y corazón nos guiarán, nos redireccionarán para retomar el rumbo.

Nos cuesta asumirnos cocreadores de lo que vivimos, pero la responsabilidad también sana. Hacernos cargo de nuestra sombra e intenciones nos ilumina, es así como dejamos de dar respuestas hostiles y automáticas ante todo lo que nos sucede, se trata de adueñarnos de nuestra sombra, y no que ella se adueñe de nosotros.

La gran riqueza de nuestra oscuridad es que tenemos tanta luz como sombra, no hay una sin la otra, es como la luna y el sol que, sincrónicamente, confluyen con la tierra, así nosotros.
De hecho, Jesucristo, como el gran pedagogo que fue y uno de los arquetipos numinosos más importantes en la historia de la humanidad, nos enseñó que tan bajo caemos, tan alto nos elevamos, porque para trascender habremos de tocar las profundidades de la oscuridad e, inclusive, visitar la densidad de nuestros propios infiernos, y el perdón como la medicina por excelencia para nuestra evolución —a lo que dedicaremos un capítulo completo—, eso que no es más que tener la capacidad de bendecir la experiencia.

Hemos crecido en medio de una serie de códigos emocionales, hemos sido condicionados desde que éramos pequeños, y no porque nuestros padres quisieran hacerlo así, sino porque ellos así lo vivieron, esos fueron sus «códigos emocionales», y es que todo niño necesita amor tangible, su pensamiento es literal, nunca abstracto y en algún sentido todos llegamos a sentir que si nuestras emociones fluían tal y como eran, no seríamos amados, y así aprendimos a ocultar eso que realmente sentíamos, así comenzamos a reprimir eso que nos ponía en una posición de vulnerabilidad ante los ojos de nuestros mayores. En Core Energética (método psicoterapéutico centrado en el cuerpo, el alma y el espíritu) hay dos conceptos sumamente interesantes desde los cuales los seres humanos nos relacionamos a diario: el ser superior y el ser inferior.

El ser inferior se refiere a una energía de baja vibración que habita en nuestro cuerpo, nos movemos y respiramos a partir de ella, es como una especie de contracción, cuya expresión está basada en nuestra defensa de carácter, ahí donde habitan esas emociones reprimidas como basura debajo de la alfombra. Este ser inferior no está en la experiencia vital, sino en el juicio de la experiencia con el fin de reprimirla. Por ejemplo: Si nunca te permites sentir enojo, podrías quedarte anclado en la fantasía de que podrías matar a alguien, sin embargo, dicha fantasía es infantil. Cuando no le expresas tu enojo a alguien, le estás matando, y, por otro lado, reprimir el enojo te lleva a matarte incluso a ti, y la realidad es que reprimimos el enojo para reprimir el dolor.

A veces, esta represión se convierte en nuestra personalidad porque estamos totalmente identificados con eso, invertimos demasiada energía en sostener esta defensa; nos identificamos con una experiencia y nos aferramos a ella, y lo mismo ocurre con nuestros roles, títulos, relaciones y etiquetas, y es de esta manera en la que, a través de este ser inferior, nos llenamos de máscaras.

Liberar el trauma del cuerpo implica sentir el miedo otra vez, pero con la promesa de liberarnos de la opresión silenciosa de este ser inferior, que no es nada más ni nada menos que ese pedacito de nosotros que, mayormente, necesita amor y este trabajo se trata de despejar las proyecciones de la mente. No se trata de llegar a una resolución, ya que el trabajo no termina porque las heridas de la infancia nunca se borran y de vez en cuando volvemos ahí, ¿y sabes?... no es lo que sucedió, es la forma en la que, cuando éramos niños, reaccionamos ante lo que pasó y la intencionalidad negativa de este ser inferior es decirle «no» a la vida en nuestro interior; sin embargo, cuando nos rendimos ante esta emoción que hemos llevado reprimiendo por años, desaparece.

Sentir miedo o algunas de estas emociones que descalificamos, como el enojo o incluso el placer mismo, es la primera capa que habremos de traspasar para liberarnos de ese ser inferior. La segunda capa es el miedo al vacío, al silencio, a dejar de esperar validación de fuera. No podemos crecer emocionalmente buscando el mismo tipo de seguridad que buscábamos cuando éramos niños, en algunas ocasiones, la seguridad sacrifica la libertad y la «aceptación» de los demás; es una fantasía, una falsa máscara de seguridad que nos llena de resistencias ante lo que esencialmente somos. Que tu adulto de hoy no empeñe lo que eres para que el otro no se vaya.

Soltar las identificaciones es la tercera y última capa del ser inferior, desprendernos de tantas etiquetas como podamos y es que, aunque no nos demos cuenta, lo que ocurre es que nos escondemos tras la etiqueta, tapamos nuestro corazón y con esto nos damos permiso de lastimar. La intención negativa del ser inferior es el apego al rol, por ejemplo:

Hay una mujer en medio de una relación totalmente disfuncional y violenta, cuyo primer pensamiento y necesidad es: «Quiero dejar a mi esposo, pero tengo miedo», sin embargo, su apego al rol de «supermamá» tiene como intención negativa subterránea lo que describe el siguiente diálogo interno, casi imperceptible: «Necesito seguir viéndome como la buena ante los niños, voy a seguir en esta postura, no importa cuánto tiempo más me quede ahí atorada. Seguiré aferrada a eso, no importa cuánto me duela».

Si ella se diera permiso de reconocer esto abiertamente ante ella misma, sin engañarse, sería mucho más fácil su liberación. Sentir ese dolor le abriría la puerta a sanarlo, a renunciar a los precios altos. No podemos movernos dentro de nuestra misma consciencia si no tenemos el espacio, y cuando no nos disponemos a sentir, la intención negativa del ser inferior es «¡No me voy a mover de aquí!»

Por otro lado, cuando duele el cuerpo es porque no estamos permitiendo que nos duela el corazón, y qué importante es confiar en él y en que sabe sostenerse, así que, deja que te duela el corazón, confía en sus recursos. A veces creemos que podemos tener el control de todo y luchamos a toda costa por que ocurra eso que queremos que pase, ¿qué tal que mejor exploramos cuál es la amenaza de soltar el control? ¿Y si mejor investigamos cuál es el enojo que se oculta detrás de nuestros juicios?

No eres tú quien necesita un ajuste si es que pensabas que eras el problema, es tu experiencia vital. Esas emociones que llegamos a reprimir de manera tan contundente son las que de manera inconsciente nos distraen y ausentan de este precioso momento presente, y estos estados mentales de profunda ausencia de nuestra experiencia vital hacen que físicamente nos desequilibremos y somaticemos. El cuerpo habla lo que la boca calla.

Un día, una consultante nueva que llegó a terapia por primera vez, al preguntarle yo cuál era la intención que pondríamos a nuestra sesión, me dijo: «Quiero sanar y ser feliz, no quiero sentirme como me estoy sintiendo».

Por un lado, tengo que decir que, a pesar de que comprendí su anhelo, sentí un gran peso sobre mi rol, por lo alto de su expectativa, y por el otro, luego de dejarme guiar, mi invitación fue: «¿Y si nos paramos en eso que estás sintiendo y lo atravesamos juntas?»

Trabajamos de manera profunda y, al término de nuestra sesión, le pregunté que si había una tarea que pudiera dejarse a sí misma cuál sería, y me respondió algo parecido a su intención: «Ser feliz y no sentir dolor». A lo que le dije: «¿Y si destazas el búfalo y vas minuto a minuto recibiendo lo que llegue? Afinando tu tarea, creo que un buen inicio, más que "ser feliz" podría ser cultivar poco a poco la compasión, porque si te exiges ser feliz en este momento, con todo lo que hay que atravesar, tocarás nuevamente esa sensación de insuficiencia e inadecuación, ¿no crees?»...

Me quedé pensando en ese episodio y en que el trabajo no termina, porque las heridas de la infancia nunca se borran y de vez en cuando volvemos ahí.

Es muy común la fantasía de sentirnos al 100 %, sanos y completos para que nada nos vulnere, pero no, la realidad es que nuestras heridas finalmente son nuestra materia prima de evolución, creo que el potencial de nuestro brillo es proporcional al tamaño de nuestra herida porque, como decía el célebre poeta y místico persa Rumi: «Es ahí por donde entra la luz», y yo agrego que también el amor y todas esas cosas que son hermosas, entran por ahí. No hay alegría, gozo y placer sin dolor, tristeza o incomodidad.

Es muy fácil sentir que no podemos más, que hay situaciones que no queremos experimentar nuevamente porque sentimos que nos rebasan, sin embargo, lo bonito es mirar cómo evoluciona nuestro comportamiento cuando nos encontramos de frente a una misma situación, es maravilloso ver cómo nos levantamos cada vez con más maestría y que duramos cada vez un poco menos en el piso o que, incluso, como los gatos, aprendemos a caer.

Paradójicamente, creo que también el sufrimiento que nos generan nuestras heridas cuando friccionan reordena nuestras prioridades y reconfigura nuestros valores.
Que tu dolor no te impida vivir, no intentes anestesiarte. Párate ahí, se irá porque así funciona la impermanente vida, sólo no permitas que tu mente se quede anclada a esa experiencia, porque, a veces, aunque el dolor ya se haya ido, queda la fantasía del sufrimiento, y esa sí que es letal.

Pienso en todas esas maneras que nos inventamos para huir, para no amar tanto, para no dar tanto, para no exponernos tanto, porque «qué tal que me lastiman», «qué tal que pierdo», cuando en esta apuesta el caballo perdedor es no sentir.

Decimos que «no queremos etiquetas» cuando es sólo absurdo y profundo miedo, y nos casamos con la idea de soltar cuando sostener es igual de importante y complicado. Paradójicamente, o más bien *parajódicamente*, resulta más doloroso huir que vivir la experiencia, no hay nada peor que vivir anestesiados «por si nos duele», «por si nos rompemos», aun cuando estemos de antemano emocionalmente cuadripléjicos a voluntad, accidentados y frágiles por el miedo, por esas tantas historias llenas de pasado y fantasmas, pero... ¿y si esta vez te quedas a ver qué pasa?

Es tan grande la fuerza de sentir la experiencia de amor que podemos movernos de maneras insospechadas, pero espera... ¡Sentirlo en uno, con uno! Y convertirnos así en un gran espejo, en un espejo bien pulido en el que cualquiera que pueda mirarse a través de nuestros ojos pueda observar todo lo hermoso que hay en sí mismo. Y es que no es el otro, eres tú, créeme, siempre se trata de ti y solo de ti, el otro es tan solo tu maestro, tu reflejo, ese gran espejo que muestra lo hermoso que eres, pero también tus sombras y demonios, eso que hay que sanar y fortalecer en ti, aquello que te toca trascender y transmutar indistintamente si vas de la mano de alguien o no.

Estamos aquí para doctorarnos en amor y confiar en que nuestro corazón sabrá guiarnos; estamos aquí para dejar este mundo mejor que como estaba antes de que llegáramos.

Ojalá que cada día puedas, aunque sea un instante, cerrar los ojos, poner las manos sobre tu corazón, respirar bien profundo y sentir cómo se abre; luego, tres inhalaciones y exhalaciones, habiendo puesto también la intención de abrirte y dejar pasar eso que está ahí esperándote, tocando intensa y fuertemente la puerta: el más puro y profundo amor.

No des a nadie la responsabilidad de amarte, ese asunto es tuyo y solamente tuyo. Los demás somos sólo compañeros de viaje.

Siempre digo que la atención plena, el minuto a minuto, la experiencia de estar un momento a la vez tiene la capacidad de sanar cualquier malestar, dolor o corazón roto. Inténtalo.

Existe una alquimia trascendental: la alquimia de uno mismo. Es previamente necesaria para llevar a cabo la alquimia de los elementos. La nobleza de la obra exige la nobleza del operario.

Grillot de Givry

CAPÍTULO II

La alquimia del dolor y la noche oscura

La noche oscura del alma

Son muchas las ganancias que nos confiere el dolor, aun cuando no haya alternativa a la rendición y nos estacionemos en la noche oscura.

Hay una anécdota que me parece hermosa, se cuenta que, ante la impecable manera de trabajar de Miguel Ángel, la gente cuestionaba su don de esculpir, por la belleza sin precedentes de cada una de sus piezas, a lo que él respondía:

«La escultura ya estaba ahí dentro, dentro de esa piedra de mármol, yo lo único que hice fue quitar todo lo que le sobraba».

Me gusta pensar que la vida constantemente nos está cincelando y que el dolor es un recurso del alma para quitar todas esas partes que ocultan nuestra belleza y ser esencial. El dolor exige atención, ir adentro para que, con paciencia y humildad, desentrañemos su misterio.

Dicen que la calidad de nuestra vida depende de la calidad de las preguntas que nos hacemos, por tanto, ¿cómo te estás cincelando hoy?, ¿qué capas deberás quitar de ti para dar forma a esa mejor versión tuya? Y cuando te pregunto cómo te estás cincelando, me refiero a qué tanto estás disfrutando lo que haces todos los días y cuándo fue la última vez que hiciste esa actividad que realmente te llena el alma.

San Juan de la Cruz en su obra *Noche oscura del alma*, a través de su mística poesía, invita no sólo a confiar, sino también a comprender que el alma pasa por distintos estados de purificación, donde en medio de estas muertes metafóricas se cobra fuerza para las muertes reales, y aunque se refiere a una unión mística entre el alma y Cristo, la tesis se centra en el camino a la iluminación del alma por medio de la fe, siendo esta luz la que le permite ascender en su camino hacia Dios.

El argumento de su obra consiste en que el alma (la Amada), quien deja sosegada su casa (el cuerpo), mediante la purgación de sus errores y pasiones, se eleva hacia lo divino, ahí en medio de la noche, en medio de esa profunda y angustiante oscuridad fluye la gracia, en medio de la noche de los sentidos, el ser humano recibe una luz especial que le permite conseguir la unión íntima con el Amado: Cristo, cabiendo señalar que el maestro Jesús es un personaje histórico, pero Cristo es un estado de consciencia.

Luego de todo, considero que una parte del milagro del ser humano es que, por mucho que el terreno sea escabroso, las ideas florecen, los sueños alimentan el alma, y esta restauración es una decisión nuestra, pues sugiere el cómo nos rediseñamos, cómo recreamos nuestro propio mito cuando rompemos nuestras propias creencias, luego de esas crisis existenciales que nos llevan al límite.

En su canción primera, San Juan de la Cruz menciona que para que el alma llegue a un estado de perfección, ha de pasar por dos maneras principales de noches a las que llamaba purgaciones o purificaciones del alma, donde el ser queda a oscuras como un ciego, lleno de mortificaciones, donde no queda nada más que depurar en medio de la angustia y dejarse llevar, «fluir», como bien se menciona en tantas prácticas orientales. Los poetas y los artistas que subliman su propia metamorfosis a partir del dolor tienen la capacidad de engendrar obras de sentido y presencia, a partir de la transmutación de su propia alma, a partir de su invisible llaga supurante.

Sólo abrazando la oscuridad y la pérdida, el ser humano puede comprender que es parte de un todo y ese todo es parte de sí mismo; sólo andando por la noche oscura, la persona puede reconocer sus límites y humanizarse, desprenderse del juez y dejar de emitir sentencias al resto del mundo; sólo a través de ese contacto profundo con el impulso del Tánatos, el hombre puede volver victorioso a la experiencia humana y remodelarla, cambiando su propia narrativa, permitiendo que nuevos personajes lleguen a su mito y así Eros disuelva la oscuridad y el dolor; muchas veces, a través de un símbolo o palabra casual encontrada en medio de un libro viejo, o a través del contemplar una rosa o la luna, tal vez contactando con la mirada de un ser o llanamente sintiendo el agua que cae debajo de la ducha, sintiendo, abrazando personas y experiencias, no sólo que inyecten vitalidad, porque no se trata de eso, sino más bien de que proyecten la vida que existe en uno, que toquen ese resorte mágico que invite a quien se mira en sus ojos a vivir tan plenamente que no quepa la menor duda de que luego de la incertidumbre y la inseguridad viene una vida humana más espaciosa, más nítida y plena. Esa es la promesa del dolor, esa es otra joya de la noche oscura.

La adicción al dolor

Sin darnos cuenta, nos volvemos adictos al dolor, nos cuesta recibir lo bueno de la vida porque nos volvemos adictos a la tristeza, al enojo y a todo eso que, a nivel cerebral, nos da algo que, aunque no es bonito, es ese driver para sentirnos vivos e inclusive emotivos, por ejemplo, en el terremoto que vivimos en México, en septiembre de 2017, fue hermoso ver cómo nos unía la compasión, la generosidad y un amor desbordado al prójimo, que no hubieran sido detonados sin ese evento. Y es que ocurre que cuando algo proviene desde la facilidad y el gozo, se vuelve aburrido, por eso no podemos contener lo bonito, porque el estar en paz puede resultar soso, e inconscientemente, nos saboteamos buscando un terremoto para volver al estado emocional anterior y volver a conectar con el amor, la generosidad y la compasión.

Evidentemente, se necesita un proceso fuerte de autoconocimiento para detectar estos patrones, para disfrutar de lo que hay aquí y ahora, para dejar de caer compulsivamente en la repetición de esos mecanismos y anclarnos a la felicidad que tiene que ver con un estado de consciencia que, de poco a poco, vamos expandiendo.

Cuando sientas que alguien te da una moneda reactiva así, piensa que no es personal, que no es tu problema, que no es que no merezcas algo bonito, sino que, a través de eso, hay la posibilidad de sanar algo de lo cual no eras consciente. Observa sólo qué parte tuya te conecta ahí y sánala, y mueve tu energía, porque si no la mueves, tu adicción secreta te mantendrá ahí y estamos aquí para experimentar un estado de felicidad que nos ponga a vibrar alto y nos lleve a un mejor lugar consciencial y, por ende, afectivo y material.

Nos sale más barato estar sanos que enfermos, es menor la inversión de energía que demanda el estar bien que el estar mal, se siente más rico y es más productivo.

Démosle al dolor un lugar sagrado porque, sin duda, lo tiene y nos regala expansión como buena medicina (quizás de las más poderosas), pero no hagamos de él un rehén para conectar con nuestra vitalidad, hay mil maneras de conectar con la bondad nuestra sin dolor, culpa y miedo.

Insisto, lo más importante es darnos cuenta. Cuando yo me observo parada en algún pensamiento o juicio recurrente, en automático le resto poder, y me gusta usar la metáfora de un ladrón, el hecho de observar a un pensamiento limitante o estresante es como mirar a un ladrón en pleno atraco, quizás huya, se congele o ataque, pero sin duda, algún movimiento interno ocurrirá.

La alquimia del dolor

Me parece que en muchas ocasiones no damos crédito al impacto que tiene lo que no vemos; si se trata de un hueso roto o una herida en la piel, ponemos absoluta atención en nuestra recuperación, usamos cualquier recurso que consideremos necesario para nuestra sanación, pero cuando vivimos algún proceso emocional crítico que nos genera un profundo dolor, no siempre tenemos la disposición de invertirle la debida atención y energía para su total sanación y entonces, lo que termina por ocurrir es que llevamos la herida a flor de piel, buscando quién nos la sane afuera o espejeándola y anclándonos con personas que sufren en la misma dimensión. Cuando no curamos nuestras heridas, nuestras percepciones quedan totalmente alteradas, si no atendemos nuestro dolor o si no lo sublimamos, ralentizamos nuestro impulso vital.

Todo es doble, todo tiene dos polos; todo, su par de opuestos: los semejantes y los antagónicos son lo mismo; los opuestos son idénticos en naturaleza, pero diferentes en grado; los extremos se tocan; todas las verdades son medias verdades, todas las paradojas pueden reconciliarse.
El Kybalión

Nada es más real que no hay día sin noche, no hay luz sin sombra y que justo en la oscuridad es que está nuestra olla de oro. No podremos disfrutar del placer a manos llenas sin antes haber conocido el dolor.

El dolor se transita con calma, despacito, de pronto nos llegamos a sentir abrumados y presionados socialmente por salir de ahí y aunque eso eventualmente deberá ocurrir, también es necesario recibir los dones de la tristeza sin evadir, dejar que, como el agua y la humedad, permeé toda nuestra humanidad hasta purificarnos, entregarnos a la contracción sin esa necesidad de rearmarnos de inmediato, permitiendo que nuestro corazón se recomponga a su ritmo. Alguna vez escuché que cuando nosotros intentamos madurar una fruta de manera artificial, acelerando el proceso con artilugios caseros, ésta pierde nutrientes y me parece que eso ocurre con el dolor, cuando nosotros lo evadimos y no lo sostenemos, aunque sea por un momento, no podremos crecer de manera contundente.

La importancia de tocar el dolor y la vulnerabilidad radica en que si mantenemos las barreras arriba, ciertamente, nada malo nos volverá a tocar, pero lo bueno destinado a llegar tampoco podrá ser acogido.

Algo que me parece importante es apuntar a la perfección de nuestro cerebro y a cómo si mostramos tan solo un poco de disposición para curarnos, conectando con actividades que nos llenen el alma, nuestro cerebro genera sustancias y neurotransmisores que son analgésico de un corazón roto, si comenzamos a reconectar con nuestro propio milagro y tomamos un poco de presencia de la botica de nuestra alma y la combinamos con pequeños grandes placeres, aun en medio de nuestro dolor, la sanación será quizá lenta pero orgánica y efectiva.

Será importante mantener en observación a nuestro ego, recuerda que el ego vive del pasado y sus «hubieras», se alimenta de lo que nos fue alterando el sistema nervioso. Si limitamos nuestra consciencia a un momento pasado, no podremos restablecer nuestra salud emocional.

Dentro de los arquetipos del hinduismo, y tocando nuevamente la ley hermética sobre la polaridad, hay dos aspectos que habitan en todo ser humano, uno es la fuerza *Shakti* (la energía femenina), este aspecto de la Devi, la «gran diosa», que cuando dejas un bote con agua en medio del patio, al otro día te encuentras con todo un ecosistema lleno de vida dentro, estamos dotados de una capacidad creativa peculiar que venía en nuestra cajita de herramientas, mientras *Shiva* (lo masculino) destruye para renovar, recordando que todo es impermanencia y cambio, *Shakti* con amor restaura, nutre y deconstruye sobre lo ya existente.

La vida siempre nos llama y hay muchas maneras de ser fértiles, aun en medio del dolor, podemos parir hijos, sueños que empoderen a otros a partir de nuestra creatividad, de encarnar hijos en un montón de páginas que cuenten una historia, en un cuadro, en el arreglo de un jardín o una mesa escultural, eso es sublimar.

En su libro *Psicología y alquimia*, Carl Gustav Jung decía que tanto en el bien como en el mal se encontraba el arquetipo del «sí mismo»: «La realidad del mal y su incompatibilidad con el bien separan violentamente los opuestos y, de manera implacable, conducen a la crucifixión y a la suspensión de todo lo que vive» (2007).

De esta manera, el ser humano va expandiendo su propio yo, porque justo estos dolores de alma, que equivalen a una «muerte en la cruz», permiten integrar aquello que parecía inaceptable, valorando rasgos ajenos que tantas veces nos resultan tan poco familiares y, de igual manera, hace consciencia de sus escisiones del corazón, fusionando y resolviendo muchas de sus dicotomías. Esta consciencia se transforma gracias al dolor, gracias a esa noche oscura y por las revelaciones a las que el ser da cabida en medio de la tristeza profunda o incomodidad y letargo, haciendo resurgir una naturaleza más elevada.

Sin la tensión que existe entre los opuestos, es imposible que el movimiento continúe, y sin fricción tampoco se enciende la chispa divina.

La noche oscura, como experiencia espiritual, nos rompe para abrir nuevos canales, haciendo resurgir un ser más vivo y presente, abriendo cerrojos interpuestos entre «el otro» y el «sí mismo», reactivando su propio flujo vital, buscando esa vida redimida entre tantos seres que son objeto de perdón. La espiritualidad humaniza nuestras acciones, intentando sintonizar con uno mismo, para luego sintonizar con el mundo, porque yo entiendo espiritualidad como «el arte de integrar opuestos». Decía el psicólogo transpersonal y escritor estadounidense Ken Wilber, al expresar que cualquier batalla que creemos librar con el otro, en realidad, la libramos con nosotros mismos y nuestros opuestos proyectados (2008), pero qué bendición y delicia es el «darse cuenta», pese al miedo y resistencia, aunque no falten la vergüenza y la culpa en ese ir y venir. A veces no queda más que contemplar para reacomodarnos, inclusive sólo respirar cuando no sabemos exactamente qué hacer.

Mientras vivamos el dolor de manera superficial y no se convierta en una experiencia del alma, nada valdrá la pena.

El dolor como proceso alquímico

Se dice que la Alquimia es tan antigua como el hombre, se trata de una corriente muy particular que incluía prácticas como la metalurgia, la astrología, el misticismo, la filosofía, la medicina y la química, una corriente hermética que se desenvolvía en dos campos: el mundano y el espiritual.

En el nivel mundano, los alquimistas experimentaban con procesos químicos mediante los cuales harían grandes descubrimientos en varios campos y utilizarían una gran variedad de materiales para tratar de convertir metales básicos como el plomo en oro, mientras la materia prima era sometida al calor, ellos observaban los cambios en los colores y las texturas, esta sería la prueba de que a nivel espiritual podrían purificarse también, eliminando el material base del yo (como en nuestro ejemplo de la escultura), para así lograr el oro de la iluminación.

Existen muchas interpretaciones sobre el proceso alquímico, se hablaba de su búsqueda por encontrar el elixir de la larga vida y la piedra filosofal, redactaban en diarios científicos los procesos en clave, dibujos y misteriosos símbolos; ellos confiaban en sus sueños y visiones para mejorar su arte, creían en su intuición e inspiraciones y fue así como hicieron grandes descubrimientos.

En el plano espiritual, todo tendría un significado esotérico. Había una concepción filosófica implícita en todo el proceso, la apuesta era que al haber pasado por un proceso de varias etapas mientras refinaban la materia, lograran conseguir «La Gran Obra» o «Piedra Filosofal», lo que podía ser también comprendido como conseguir un estado Crístico.

La alquimia, en realidad, siempre ha sido una cuestión que ha llamado mi atención y me ha llevado a la búsqueda y la profundización del tema, además de que creo fielmente que todos podemos hacer magia naturalmente, cuanto y más tenemos la capacidad de transformar cualquier material burdo de nuestro corazón en oro, transformando nuestra realidad personal mediante la transmutación de nuestra consciencia.

El recipiente ovalado que usaban para transferir sus mezclas se llamaba crisol, para los alquimistas representaba algo maravilloso, pues mediante su forma emulaban al cosmos en donde ellos verían nacer a la milagrosa piedra, se trataba de algo sumamente místico en donde el proceso interno era probablemente más importante que el externo.

Jung, en su libro de *Psicología y alquimia,* cita una frase del alquimista belga Gerhard Dorn que me parece muy oportuna:

> En el cuerpo humano está oculta una cierta sustancia metafísica conocida sólo por muy pocos y que no tiene necesidad de ningún medicamento, sino que ella misma es medicamento no corrompido. Y esa medicina es de una triple naturaleza: metafísica, física y moral (Jung, 1989, p. 288).

El fuego es un elemento alquímico de transformación, así era visto por los antiguos magos, ese fuego interno que mantiene encendida la chispa de nuestro corazón, eso que hace que nuestra vida valga la pena, ese lugar sagrado que nos guía cual brújula en medio de la oscuridad y que, como a la luna, nos da la posibilidad de brillar en medio de la negrura.

Arde, arde mucho; es más, te convierte en fuego para que nada te queme, pero tampoco permitas que cualquier viento te apague. La vida está ahí para ti y hay momentos en los que entre menos manos metas, mejor, sólo déjate llevar, salte del camino, hazte a un lado y deja que todo pase.

Ríndete

Mi amiga Dani, un día, me compartió una frase maravillosa que escuchó de su maestro de chamanismo: «Muchas veces, rendirnos es la mejor manera de recuperar nuestro poder», y efectivamente, entre menos soltamos, más resistimos; entre menos nos entreguemos al dolor, más sufrimiento, cuando no soltamos, tensamos, y al tensar, no permitimos que la vida nos respire.

Lo que ocurre con el dolor y la oscuridad es que la mayoría de las veces nos quedamos estacionados en creencias que ya caducaron, situaciones que ya pasaron. En algún momento,

durante una sesión terapéutica, un cliente me decía:
—Es que quiero darle la vuelta ya a esto.

A lo que yo respondí:
—¿Y no será que ya le diste la vuelta a «eso» desde hace mucho tiempo y aún no terminas de enterarte porque tu mente está anclada a aquel tiempo y espacio?

El silencio que vino luego de eso fue hermoso, totalmente un *aha momento* (o sea, un descubrimiento), creo que el arraigo a este momento presente era la pieza que faltaba, era mentalmente un círculo abierto y lo que ocurre con los círculos que permanecen abiertos, es que drenan nuestra energía y nos volvemos adictos mentales a una idea que, como ocurre con los alimentos perecederos, ¡ya había caducado! Con cada darnos cuenta se expande nuestra consciencia, con cada darnos cuenta nos iluminamos.

Cuando llegamos al límite de nosotros mismos, aparecen los maestros y las respuestas, bien dicen que cuando el alumno está listo aparece el maestro, sin embargo, cuando el alumno está totalmente listo, el maestro desaparece.

El dolor es un maestro que nos invita a reconectar con nosotros, con nuestro cuerpo, y ese dolor del alma proviene de un guion que seguramente aprendió desde mucho tiempo atrás. Hoy sabemos que éste nos llevará a actuar de manera automática, porque definirá nuestros pensamientos y conductas.

Es muy interesante lo que ocurre luego de pasar por algún proceso de purificación, miramos al mundo con ojos frescos, porque en el límite disolvemos una cosa para crear otra.

Cuando nos rendimos tomamos decisiones en el momento adecuado y cuando no paramos en nuestro intento por cambiar lo que es, las tomamos desde la reactividad, por eso es tan importante decirle que sí a sea cual sea la situación que estamos viviendo, porque estos movimientos de contracción dentro nos generan estrés y el estrés es consecuencia del rechazo a lo que es.

Ríndete no sólo ante lo que duele, sino también ante eso que más te apasiona, a ese don tuyo que sabes que puede transformar vidas; pregúntale a la vida qué quiere de ti y deja de pedirle tanto, esta vez ofréndale... «Ofréndate».

Ríndete ante la voluntad divina, es esa voz que habla desde tu lugar más sagrado, invitándote a hacer eso que, paradójicamente, más miedo te da, eso que te provoca emoción, alegría e incertidumbre. Ríndete ante el sueño de Dios, que también es tu sueño, estoy segura.

Probablemente te preguntes: «Pero ¿cómo puedo rendirme?... ¿Se trata de no hacer?».
Y quizás te respondas a eso: «¡No! ¡Nunca! Yo no soy ese tipo de persona que tira la toalla a la primera de cambio».

Y yo te digo que se trata de eso, rendirse se trata de dar lo mejor y soltar el resultado, porque el resultado no depende de ti. Una premisa importante en la terapia psicocorporal es que, cuando rompemos nuestra estructura corporal, rompemos nuestra estructura mental y dado que nuestro cuerpo guarda y comunica nuestra historia de la forma más inconsciente, también podemos hacer ajustes a partir del cuerpo con la carga y descarga de emociones a través del movimiento o la postura.

Lety Zonana, quien fuera mi terapeuta, un día me escuchaba hacer catarsis al teléfono, y esta mujer profundamente sabia me dijo:
—¿Por qué no te rindes?
A lo que yo le respondí.

—¿Cómo?...
Y me dijo:
—¡Así! Acuéstate boca abajo en el piso un ratito, sin pensar nada, sin decir nada más que te rindes, ofréndate y entrega eso que tanto te pesa, duele o agobia al amor, a Dios, a la Fuente, a Buda o al Universo, en lo que creas.

Entonces lo hice, lo hacía cada día un ratito y, de inmediato, sentía la mejora en todas mis dimensiones, mi cuerpo descansaba de mis propias expectativas, sentía la ligereza en mi espalda; mi mente se despejaba y mi corazón descansaba. Me postraba con devoción de manera que mi frente, corazón y ombligo contactaran con la tierra, me sentía sostenida por ella y era muy poderoso. Así que, si quieres rendirte, pon por delante el cuerpo y ya luego la consciencia lo seguirá.

Expandiendo y contrayendo

El dolor nos contrae, sin embargo, la buena noticia es que de manera natural a toda contracción le sigue una expansión, literalmente es el juego de la respiración, inhalamos y exhalamos, es una práctica inconsciente de soltar, de desapegarnos, aunque sea unos instantes. Cuando nos vaciamos de aire por completo, no podemos llenarnos de aire nuevo, no podemos recrearnos, nutrirnos y reinventarnos. El dolor es el rompimiento de la coraza que encierra nuestro corazón.

Algo que me parece muy orgánico y sanador es conectar con eso en lo que sea que creas con el nombre que le pongas, algunos le llamamos Dios, la Fuente, el Universo, el Todo, el Amor, Energía, etc. Hay quien lo encuentra en un templo, hay quien lo encuentra en la naturaleza, se le encuentra en la meditación, en el silencio, en la contemplación, en la oración, en un canto, en un orgasmo, etc. En mi caso y de principio, tuve la fortuna de crecer en medio de la religión católica, mi madre era la cocinera parroquial del pueblo y tuve la suerte de crecer en un ambiente un tanto sacro pero también muy divertido, todo lo cuestionaba, y a mis 16 años elegí tomar cierta distancia para darme cuenta de qué era lo que quería tomar de todo lo que había aprendido hasta la fecha y encontré un refugio muy importante; por las tardes me sentaba en la sala de la casa, cerraba los ojos y visualizaba al maestro Jesús, era tal mi conexión que le sentía sentado junto a mí, yo hablaba y hablaba como si él fuera mi psicoanalista, realmente aprendí a conectar con esa fuerza que, sin duda, era un reflejo de mi inocente y nítido corazón. Luego, por las noches, escribía religiosamente una carta a Dios, tenía siempre un cuaderno designado para eso, y escribía también de regreso, imaginando y sintiendo todas esas cosas bonitas que Él tenía para recordarme. Fue una temporada en la que afiancé mucho mi fe, indudablemente, aprendí a mover cosas desde mi consciencia, con el puro hecho de conectar con esta fuente de amor infinito incondicional. Conforme fui creciendo, no abandoné el hábito, sino más bien, lo transformé, aprendí a conectarme desde otros lugares y prácticas, además de mis tradicionales cartas. Jesús para mí sigue siendo mi arquetipo favorito por excelencia, y en mis múltiples inmersiones en el budismo y el hinduismo, en la filosofía y la psicología, fui comprendiendo que todo es uno, que el mundo no necesita más teologías porque estas nos separan y la separatividad duele, justamente el sufrimiento nos lo genera la sensación de desconexión, de ser algo aparte.

A través de mis cartas a Dios, yo sublimaba mucho de lo que sentía, sentía que hacía magia, para mí fue un sistema natural de sanación.

Recuerdo que un día me encontraba haciendo una oración peticionaria para tener éxito en una reunión, y justo en ese momento, me di cuenta de que en realidad estaba pidiéndome permiso a mí misma de tener éxito, que es verdad, estaba conectando con una fuerza superior, era como si esa misma presencia me preguntara:

—¿Te das permiso de tener éxito en tu reunión?

Me sentí muy confrontada, era tomar total responsabilidad de mí y el resultado, y no es que no lo supiera, fue más bien como si en ese momento mi sistema hubiera entendido totalmente que yo podía recibirlo todo, pero la pregunta era realmente: «¿Lo quieres?, ¿tú lo quieres?». Hemos pensado durante mucho tiempo que Dios nos mira desde afuera, pero en realidad, nos observa desde adentro.

A veces las personas deseamos algo con intensidad y, ya que lo tenemos, no sabemos qué hacer con eso, por ello, el silencio es tan importante para saber si nuestro anhelo proviene del alma o proviene del ego, y mucho de ahí hay para tomar en nuestro proceso de autosanación, porque sanar implica hacer algunas renuncias. Hipócrates dijo:

«A quien desee la salud, hay que preguntarle primero si está dispuesto a suprimir las causas de su enfermedad, sólo entonces será posible ayudarle».

Y sí, creo que las personas elegimos hacer algún cambio con el fin de sanar, muchas de las veces, hasta que nos resulta más doloroso quedarnos como estamos que dar el paso y mover nuestra energía, y aun cuando sintamos que no estamos listos para pagar el precio que eso implica, la buena noticia es que si pasa por tu mente, es porque, sencillamente, ya estás listo. Los cambios son pequeñas muertes que hay que abrazar, son partes de nuestro inconsciente que se transmutan y nos hacen florecer, así que, si quieres hacer un ajuste en tu vida en este momento, ¡escúchate! Grandes cosas ocurren cuando dejas que tu alma te lleve, a pesar de un ego necio y obstinado, movido por el miedo y las «limitaciones».

Los regalos del dolor

Todo es cambio e impermanencia, el caos antecede a la calma, el caos antecede a la creación, el caos nos hace sabios y muchas de las veces es generado por nuestros mismos pensamientos, considera que si puedes controlar lo que piensas, puedes controlar lo que haces y tener efectos agradables que te lleven al siguiente nivel.

Cuando eliges algo distinto, en automático, puertas y caminos se abren, es como si la vida estuviera esperando únicamente que tomes la decisión y confíes en tus recursos internos para darte lo que necesitas. Si deseas moverte de algún sitio y no sabes por dónde empezar, te invito a que te hagas las siguientes interrogantes.

Pregúntate:
1) ¿Qué de esta situación/relación que quiero cambiar me da algo que no estoy dispuesto a perder y sanar?
2) Esto que no quiero perder, ¿es más valioso que lo que ganaría al cambiar y sanar?

Cuando las respondas, seguramente tendrás mayor claridad, asumirás total responsabilidad de cómo te sientes y, con certeza, contribuirá a tu sanación. El dolor es un gran mensajero, es todo un revolucionario que nos provoca caos y tormentas, que nos lleva por la noche oscura hasta hacernos entrar en contacto con ese alquimista que todos llevamos dentro, pero también el dolor nos da ciertas ganancias, si lo pensamos con objetividad, nuestro cerebro no hace nada gratis y, cuando nos instalamos en el sufrimiento, es muy fácil poder recibir la compasión de los demás, su atención y abrazos.

¿Cuáles son los regalos que te está dando ahora el dolor? Y no es que tengas que soltar nada ahora, se trata simplemente de seguirnos dando cuenta, de recibir esa empatía y compasión de nosotros mismos y conectar con la idea de que hay cosas que sólo nosotros podemos darnos. Cuando esperamos tanto de afuera, me viene esta imagen de una persona frente al espejo, intentando peinarse desde el espejo, ¿verdad que suena absurdo?, así es cuando intentamos recibirlo todo del exterior. Cuando pienso el dolor, me parece muy importante ritualizarlo porque, sin duda, dejamos una parte nuestra en el proceso, cambiamos de piel, tendremos que quedarnos ahí, sosteniendo la incomodidad para poder sostener el placer y el gozo. El dolor nos lleva a la «iniciación».

Cuando hablamos de «iniciación» y los ritos que le simbolizan, conviene hablar de todos esos ritos extraños que tuvieron lugar en tantas tribus primitivas, ritos que podemos encontrar descritos en diversos libros de historia y que, a través de tantos vestigios, podemos tropezar con ellos, como puede ser en un paseo por el centro histórico de la Ciudad de México, ahí donde en medio de la simbología de la muerte y el sacrificio cobra vida el alma vieja e infinita de una nación.

En estas grandes civilizaciones del pasado, la finalidad y efecto claro de todos estos ritos, tantas veces incomprensibles, era conducir al pueblo a través de los procesos de transformación que demandaban cambios de vida, no sólo en el plano consciente, sino también en el inconsciente; por eso, celebrar un nacimiento, un bautizo, un funeral o una boda son rituales que indican una separación formal y, a través de éstos, la mente corta de manera radical actitudes, normas y formas de vida.

Para trascender el dolor, tómate unos días para mantenerte de pie en la tristeza, llorar, escribir, encender inciensos, prender alguna vela o hacer alguna oración, actos que nos conecten con nuestro ser superior y poder sanador; si te gusta pintar, hacer música, escultura o algún tipo de arte, sublímalo y dale sentido a tu proceso, grandes artistas han creado motivados por su misma oscuridad y entonces encontraron ahí su olla de oro: su propósito de vida.

La forma más elevada de la inteligencia humana es observar sin juzgar.

Jiddu Krishnamurti

CAPÍTULO III

Sanando el juicio

La palabra en la receta

La botica de nuestra alma es tan vasta, que, si lo permitimos, podría operar cualquier cantidad de milagros. *Un curso de milagros*, escrito por la psicóloga Helen Schucman, dice que éstos son una cuestión muy natural y que si no ocurren es porque algo anda mal dentro de nosotros, creo que nuestra tarea, más bien, consiste en quitar una a una nuestras barreras y resistencias para que llegue lo que por derecho es nuestro, eso que está a tan solo un brazo de distancia y no logramos recibir, ya que a veces no sabemos ni cómo hacerlo.

Dentro de todo este estante de remedios internos, hay uno que me parece sumamente poderoso y que probablemente no terminamos de concientizar y es «la palabra». Lo externo es un espejo de lo interno, bien dice *El Kybalión*: «Como es adentro, es afuera», si algo no te gusta afuera, intenta descubrir qué parte tuya interna es la que lo está atrayendo, porque, finalmente, eso ha sido sembrado dentro de ti desde hace mucho tiempo atrás y puede que la forma en la que se haya materializado en tu realidad no te guste, pero sin duda, es una gran oportunidad para desactivarlo desde adentro.

Las ideas, las palabras y las emociones son parte de nuestro mundo interno. Dicen los que saben que la realidad (todo eso que está en nuestra vida) se genera desde nuestros pensamientos. Las palabras crean, son la instrucción de la receta, son magia, son la clave de lo que manifestamos, son las que nos ayudan a entrar en un universo de casualidades y posibilidades infinitas, a partir de las palabras ordenamos nuestras ideas y decidimos lo que queremos sentir, es como si nuestro mundo comenzara a armarse teniendo como base todo lo que decimos, para convertirse en un patrón de pensamiento, detonar una emoción y fijarse como un sentimiento.

Cada vez que decimos una frase nueva, vaciamos un poquito nuestra mente de nuestras ideas viejas. No sé si te des cuenta de que, muchas veces, queremos una cosa y cotidianamente decimos otra, lo que hace que nuestra realidad permanezca igual o peor porque no hay coherencia, así que, a través de las afirmaciones escritas y habladas, nos vamos cambiando de lugar y sembrando distinto. Insisto, las cosas más naturales son las más sanadoras.

Afirmar cosas positivas, por sencillas que parezcan, si las repetimos de manera consistente, se instalarán en nuestro cerebro a manera de nuevos rasgos neuronales que nos permitirán construirnos con mayor fortaleza para que no cualquier viento fuerte nos quite la calma, y aunque no es que propiamente tienen el poder de cambiar las cosas, sí tienen todo el poder de transformar nuestra percepción e interpretación de los sucesos que experimentamos.

¿Qué necesitas para comenzar a hacer este trabajo?
Piensa en todas esas áreas que te gustaría mejorar o en situaciones que te gustaría sanar y comienza a escribir frases contundentes que mentalmente te lleven a un lugar mejor. Puedes hacerlas para incrementar tu salud, abundancia, amor, gratitud o lo que sea que requieras. Procura tener un cuaderno en el que las escribas cada noche antes de dormir, esa será tu cucharada de certeza nocturna, deja que tu mano comience, que dé la pauta con esta práctica y luego todo el cuerpo le seguirá, esto es un buen comienzo porque cuando escribimos es el principio de bajar una realidad que está sólo en el éter a la tierra, escribir nos arraiga. En realidad, hago 21 a lo largo de 40 noches para luego cambiarlas por algunas nuevas. Te invito a que lo intentes empezando, aunque sea, con 3, muchas de las afirmaciones que hago yo, las escribo de acuerdo con lo que deseo sentir, trascender en mí, o bien, cosas que me encantaría manifestar, todas las escribo en presente y muchas de ellas desde el «Yo»:

«Yo soy», «yo atraigo», «yo manifiesto», «yo acepto», etc. El poder que tiene nuestra propia narrativa y diálogo interno hace la diferencia en cada una de las cosas que vivimos, así que, ahora, practícalo de manera consciente, destinando un cuaderno especial para este ejercicio que, sin duda, te ayudará a romper patrones mentales. Hay cosas que sólo tú puedes darte, no esperes a que nadie te valide cuando tu propio autoconcepto y manera de mirarte son lo que determinan cómo eres percibido afuera.

Las palabras son vibración, son poderosas, por eso es igual de importante que vigiles tu diálogo interno. Nuestro ego no para de hablar, mientras el alma sabe a dónde tiene que ir y lo que tiene que hacer, el ego la desafía, y es que el ego va por dos vías, tanto cuando creemos que somos el ombligo del mundo como cuando dejamos de hacer por temor al juicio, por eso te invito a no creer en absoluto todo eso que piensas, cuestiónalo y considera que, como te decía renglones atrás, en este instante te estás actualizando, ya no eres la misma persona de hace tan solo tres páginas.

Me fascina pensar en nuestro ser ilimitado, me emociona saber cuántas posibilidades tenemos para modificar todas esas cosas que no solamente no nos gustan, sino que nos hacen salir de nuestro corazón y perdernos en el exterior, ausentes de nosotros mismos y que, en medio de nuestra propia búsqueda, nos peleamos con el mundo, exigimos que se nos dé afuera cuando ese néctar ya está dentro de cada uno. Una de las cosas que últimamente pienso de manera constante es en la gran posibilidad de dejar aquietar nuestro ser guerrero para darle paso al mago, porque mientras los guerreros luchan, generalmente, partiendo de la ira y la reactividad, los magos mueven desde la consciencia y desde el corazón, los magos no sólo confían en la vida, sino también en su propia capacidad creadora. Un mago sabe usar su medicina para sí mismo y para contribuir a la vida de otros.

La proyección: La radiografía

Existe un recurso más que me parece sumamente enriquecedor y ese recurso es «la proyección», siempre que nos encontramos frente a otra persona y descubrimos algo que nos incomoda, algo nos proyecta, ocurre un movimiento dentro de nosotros mismos que nos confronta, nos deja a la vista algo que no nos gusta mirar, pero que, sin duda, hay que atender, porque no podemos dejar la basura debajo de la alfombra ni guardar los esqueletos en el ropero. Lo mejor de esto es que si no proyectamos, no crecemos, no nos enteramos de cuán ancha es nuestra sombra y cuán ancha es nuestra posibilidad de contener luz.

Mi amiga Érica, quien es una astróloga maravillosa, me contaba sobre cómo Plutón se mueve en mi carta natal, me decía que este planeta representa el intercambio real, eso que se mueve por debajo de la mesa y que mientras nos tomamos un café con el otro nos quedamos en modo superficial, Plutón se encarga de sacarlo tarde que temprano, pues en su naturaleza de ser un planeta espiritual y transpersonal con sus movimientos, nos impulsa a la regeneración, a la metamorfosis, y todo esto lo consigue a través de la confrontación.

Ella me decía, en medio de la lectura, que el conflicto es un choque para enriquecernos, cuando sucede en el sexo nos encanta porque se trata de dos opuestos complementarios que se atraen, chocan y transforman su energía para luego fácilmente volver cada uno a su eje; después del sexo, somos otros, tomamos la energía de la otra persona y dejamos de la nuestra ahí, pero cuando sucede a nivel ideológico o sutil en medio de nuestras relaciones, no comprendemos que el conflicto es una oportunidad para enriquecernos y que también podemos tomar del otro. Me pareció muy lindo lo que me dijo esta sabia y lo quise compartir aquí, sólo para invitarte a que la próxima vez que alguien confronte tu energía a través de una proyección, te cuestiones qué hay para tomar de ahí, y que, aunque naturalmente te cueste mucho de inicio, sólo dejes la pregunta como una posibilidad al aire para que luego veas qué hay dentro de ese regalo mal envuelto. Donde no hay fricción, no hay crecimiento.

Tomar de vuelta nuestras proyecciones nos regala sabiduría, y poco a poco, esta sabiduría nos ayudará a cambiar de lugar. Un día, mi maestra Irene Bryan, en clase, hizo una pregunta sumamente poderosa que te comparto a continuación:

«¿Puedes encontrar una oración dentro de ti pidiendo soltar esto que sientes y recuperar algunas de tus proyecciones?».

La expresión como liberación del sufrimiento

Es importante que pongas mucha atención en quiénes son esas personas que te llevan al límite y observes tu intencionalidad al respecto, porque la negatividad pasiva inconsciente resulta más destructiva que la expresión activa de la ira.

Como ya dijimos anteriormente, de pequeños nos creamos una coraza en donde escondimos eso que sentíamos dentro de nuestro cuerpo, nos llenamos de máscaras para disfrazar y proteger a nuestro ser esencial por temor a no gustar, a no ser amados por ser sencillamente quienes hemos sido, tal cual nuestra naturaleza.

Sentir rabia es tan natural como llorar, porque cuando nos damos la posibilidad y corremos el riesgo de sentir eso a lo que tanto le tememos, nuestra fuerza vital se libera, cuán bueno sería que se nos enseñara a convertir toda nuestra energía agresiva en gasolina para construir proyectos. La ira es como un tigre, y si tú domesticas a ese tigre y sublimas esa energía poniéndola como gasolina en un proyecto personal, contactarás con el poder original de la energía creativa de Dios que se mueve a través de ti.

Cuando sientas que la ira te rebasa, enciérrate en tu cuarto y toma una almohada, golpea tu cama con la consciencia de soltar y liberar de tu sistema eso que tanto te molesta, verás que cuando lo hayas liberado partirás desde un lugar más luminoso y no desde la reactividad; puedes romper papel periódico, hacer bolitas con él y presionarlas fuertemente; puedes tomar una toalla seca y exprimirla y sacudirla contra el piso, o si tienes la oportunidad, puedes salir a algún espacio en solitario a la montaña y gritar hasta cansarte. No permitas que esa emoción se albergue en tu cuerpo y perpetúe en ti esa expresión facial de enojo crónico, no nos damos cuenta, pero hay emociones que inclusive dejamos de sentir, dado que el cuerpo ya las acorazó. Tu instinto de muerte aumenta cuando somatizas, cuando guardas lo que sientes o cuando dices que «sí» queriendo decir «no». Decir no a lo que no queremos es una práctica espiritual que nos ensancha el corazón y da espacio a lo que sí queremos. Quizás tu memoria corporal crea aún que no hay nadie, mas quiero que sepas que hay mucho amor para ti. Y es que esta memoria, la tendencia de anclarnos al pasado, dando las mismas respuestas en automático, es como si una voz consistentemente afirmara que siempre es lo mismo...

—¿Cómo o por qué tendría que ser distinto? —dice la voz de la cabeza.
Deja que cada rincón de tu cuerpo reciba un mensaje nuevo, acaríciate, abrázate, mira tu sonrisa en el espejo y nunca empeñes eso hermoso que eres para que la otra persona no se vaya. No sólo sobreviviste, sino que te convertiste en un ser precioso. Acompáñate en silencio y maravíllate con el poder de tu presencia.

La extensión como cura

Cuando nosotros proyectamos, conectamos con esa sensación de separatividad, juzgamos sin caer en cuenta que lo que decimos del otro habla más de nosotros mismos que de la persona en cuestión, y aunque sin fricción no hay crecimiento, sin extensión no hay salto cuántico y la extensión tiene que ver con la integración y el reconocimiento de que yo soy tú. Mientras el ego intenta deshacerse de lo incómodo, el alma pretende trascenderlo a partir del amor y no es que el otro te necesite, querido lector, en realidad, quien se necesita, eres tú a ti mismo.

Un curso de milagros menciona que la extensión es el resultado de la unicidad y de la verdadera comprensión de que tu consciencia está incluida en mi consciencia y al revés.

> Cuando te encuentras con alguien, recuerda que se trata de un encuentro santo. Tal como lo consideres a él, así te considerarás a ti mismo. Tal como lo trates, así te tratarás a ti mismo. Tal como pienses de él, así pensarás de ti mismo. Nunca te olvides de esto, pues en tus semejantes, o bien, te encuentras a ti mismo, o bien, te pierdes a ti mismo. (T – 8. III. 4:1-6)

El trabajo consiste, realmente, en alinear nuestras percepciones y transformar nuestras creencias, pues no vemos al mundo como es, lo vemos como somos nosotros. Imagínate que estamos mirando juntos una película, yo estoy segura de que a cada uno le producirá sensaciones distintas, eso probablemente nos haría entrar en debate, sin embargo, el poder ponernos de acuerdo en que no siempre estaremos de acuerdo, y aun así disfrutarlo, todo desde el respeto, la aceptación y la suspensión de juicio.

Necesitamos del otro para humanizarnos, para iluminarnos y sanar, porque cuando nos sanamos a nosotros mismos, contribuimos a la sanación de nuestra tribu. La extensión necesita de nuestra propia autoaceptación, de integrar primero nuestros claroscuros, de abrirnos a nuestra propia realidad y aceptarla sin resistencias para reducir nuestro afán de cambiar la realidad del otro.

Deseo que, en la medida posible, no permitas que tu mente ansiosa se active equivocadamente, porque la comprensión profunda es el mayor don que podemos dar a los demás. Como podrás darte cuenta, tienes todo lo que necesitas, toda la medicina te habita, sólo basta tomar sin miedo en las dosis que lo requieras, paradójicamente, hablamos mucho del recibir y el merecer, pero poco del tomar.

¡Tómalo, tómalo todo!

Agendas álmicas

Cada encuentro, cada unión, cada evento es parte de la agenda de nuestra alma, por más feliz, doloroso, divertido, amoroso o crudo, es algo que debía pasar, algo previamente acordado; de hecho, se dice que esos seres que eventualmente nos ponen a trabajar a nivel consciencia mediante la fricción, son seres que en alguna otra vida nos amaron mucho, almas con quienes acordamos coincidir nuevamente para seguir evolucionando, y como dije antes: «Donde no hay fricción, no hay crecimiento».

El orden de esta agenda de alma nos invita a ese encuentro santo, y para lograrlo hemos de seguir arduamente trabajando en quitarnos y quitar a los demás juicios y etiquetas que nos hemos encargado de colocar a lo largo de nuestra fugaz existencia.

Durante mucho tiempo, mientras trabajé en el mundo corporativo, cada año daba a mi madre un aguinaldo en diciembre, además de la cooperación mensual que en la familia siempre fue un buen hábito dar a nuestros padres entre mis hermanos y yo, aun cuando no viviéramos con ellos desde hacía muchos años. Recuerdo que, durante algún tiempo, yo escuchaba que mi madre se quejaba de no tener dinero o por lo menos suficiente, yo la juzgaba y decía: «Pero claro... son sus creencias limitantes, ¿cómo puede ser tan malagradecida si no le falta nada nunca?, ¿pero en qué se gasta el dinero?», etcétera. Y así, tanto más yo la juzgaba, más me alejaba yo misma de ella y a ella de mí.

Un día, ella se enfermó y debió ser hospitalizada, la situación se puso complicada y ella comenzó a entrar en agonía, y mientras era mi turno de estar a su cuidado, estando ya en casa de la familia, ella me pidió llevarle un sobre que estaba guardado en una maleta de viaje negra, una maleta con la que, por cierto, viajábamos juntas, teniendo ella el sobre en la mano me lo da de vuelta y me dice:

—Esto es para ti...

Al abrir el sobre, para mi sorpresa había una cuenta con cada peso que yo llegué a darle cada diciembre. Fue un momento muy poderoso en donde vi caer en añicos cada uno de mis juicios, junto con mi cara llena de vergüenza por tanta dureza de parte mía, y entonces recordé esta frase que ella me decía siempre que yo le daba algo: «Si no te doy, no te lo voy a quitar», le costaba mucho trabajo, en ocasiones, tomarlo. Ese día, pude experimentar cómo esta vida es una especie de obra de teatro, en donde a cada uno nos toca jugar a ser un personaje, en donde friccionamos y actuamos y hablamos desde nuestra muy limitada percepción, y entonces compramos tan bien el rol que nos olvidamos de que nada es lo que parece, lastimamos a los demás, pero sobre todo, nos lastimamos a nosotros mismos cuando nos disfrazamos de jueces, y cuando alguien se despide, descubrimos que nada era lo que parecía, y es hasta ese momento en el que si queremos, nos sentimos posibilitados para integrar a quien se va, por supuesto, si es que nuestro ego lo permite.

Cuando ella murió, murió también una parte de mi gran ego, se fue para darme vida otra vez, y entre más se aleja de este plano, más cerca la siento.

La muerte de mi mamá me regaló ojos frescos y me parece muy interesante cómo a veces buscamos maestros afuera, buscamos gurús, y la realidad es que nuestros maestros, esos que nos dan las lecciones más poderosas, son esas personas que nos rodean, esos a quienes decimos amar y, en paralelo, llenamos de etiquetas o condicionamos para amar.

Hubo cosas que no me atreví a decirle, pero en su lecho, una noche antes de su partida, le escribí esta carta:

Llevo varias semanas postergando este diálogo conmigo y contigo, de pronto porque me siento paralizada ante lo inminente: tu partida, ma.

Anoche me abrazaste, llevándome hacia tu pecho con tus manos frágiles, tu escaso aliento y tu vocecita tenue, y mientras yo escuchaba los latidos de tu corazón tú me dijiste: «Sé valiente, no tienes por qué tener miedo». Me quebré una y otra vez, tuvimos muchas horas para ti y para mí, mientras la misma escena ocurrió una, dos y tres veces con el sonido del oxígeno de fondo, por lo menos la noche no fue tan fría como otras veces, aunque esta vez, el alma padeciera de hipotermia y la nostalgia me calara los huesos al tener tu cuerpo frágil y adolorido frente a mí; paradóji-

camente, tú, mitigando mi dolor con tu amor infinito. Por cierto, confieso que aquí en mi refrigerador todavía hay comida congelada que me diste en esas últimas veces en las que fui a visitarte al pueblo, y a decir verdad, no he tenido ánimo de comérmela porque sé que es lo último que probaré hecho por ti, debo administrarla muy bien para sentirme cerca de ti en tanto esto pasa.

Es más que sabido cuán orgullosa me siento de pertenecer a esta tribu nuestra, y sin duda, has sido la mejor guía, eres «la matriarca», inigualable tu capacidad de contener a 10 hijos en medio de tu soledad y carencias, con trabajo construiste una fortaleza en donde nos resguardaste tanto como pudiste, con tu carácter militar nos formaste y con tu espiritualidad nos enseñaste a ser alquimistas, nos regalaste un modelaje de trabajo impecable, nos diste todas las herramientas para «bien ser», sembraste valores como el respeto, la lealtad, la honestidad y la gratitud.

Admito que siempre me costó trabajo entender todas nuestras diferencias, sé que he sido una mujer silvestre, reactiva tanto como proactiva, intensa y aventurera y fiel a mí, pero también sé que esta libertad que manifesté, prácticamente desde adolescente, es el resultado de las alas que me regalaste, el mejor obsequio. Hoy, a mis casi 38 años, aunque no lo parezca, no las he terminado de usar, tengo la sensación de tener un Ferrari en la cochera o un avión en el hangar, espero honrar tu eterna presencia en mi vida, volando como un albatros para que, desde donde estés, puedas sentirte orgullosa de mí, me sentiría muy privilegiada de ser el resumen, la síntesis de todo tu trabajo aquí.

Me duele mucho el corazón, ma, aun cuando sabiamente dices que estamos en manos de Dios y que sólo Él sabe, mirar a mi guerrera cansada en medio de mi impotencia y frustración en la noche oscura hace que mi alma se agriete, me siento rota, muy rota.

Sí, sé que estás aquí hoy, sé que pase lo que pase, aquí estarás, en otra dimensión, en otra frecuencia, ¿cuándo?... No lo sé y no importa, lo que hoy sé es que eres en esta vida mi estrella, a veces incandescente, inalcanzable y hasta inconquistable, pero mi estrella.

Mientras escribo esta carta, froto mi pecho para darme consuelo, y mientras lo hago, recuerdo esas veces en las que me untabas VapoRub y me ponías trapitos calientes, has tenido tantas maneras de demostrar tus afectos y amor, aunque siento que muchas de las veces no nos enteramos de cómo nos gustaba sentirnos amadas, e inclusive, a veces, aunque lo supimos, no pudimos negociarlo, parece que nunca estuvimos dispuestas a renunciar a una parte nuestra, mas sí estuvimos dispuestas a pagar el precio que eso implicaba, la riqueza de esta dura lección es que pude extrapolarlo a la vida, afuera, donde uno nunca debe renunciar a sí mismo, ¡gracias, mi María! Sin duda esta es mi mejor herencia, cosa que atesoro, aun cuando afuera parezca un conflicto andante y esta manera de vivir no encaje en el sistema.

Tu legado es también mi precioso círculo de mujeres, mi Red Tent (mi carpa roja, como en la serie de la historia bíblica de Jacob relatada a través de los ojos de su hija Dinah), mis 7 hermanas son mi medicina, mi consejo de brujas, mis maestras, mis doctoras de alma y cuerpo, son tan sabias, hermosas y amorosas, todas tienen tus cualidades, y estar entre ellas es estar un poco como contigo, pero en fragmentos. Todas son dulces y buenas, que si bien tenemos nuestros demonios, estar juntas es como estar en esa fortaleza que tú construiste para nosotros, para protegernos de todas las adversidades del mundo exterior.

Claro que también me diste a hombres buenos y amorosos, mi padre y mis hermanos, los tres tus eternos niños. En esta danza de ausencias y distancias, hemos tocado el amor y la incondicionalidad de maneras exquisitas y quizás cada vez menos esporádicas, pero lo hemos logrado. Aprendí que muchas de las veces, aunque alguien se quiera quedar, no puede, y no por falta de ganas ni de amor, sino sencillamente no le alcanza con las herramientas que hay.

Toda nuestra familia es un regalo, ma, una fiesta ambulante en la que primero se aprendió a bailar antes que a caminar, mientras tú nos cocinabas algún guiso rico con cualquier pretexto para celebrar y mirarnos bailar a todos, moviendo las caderas de manera descarada.

Yo sé que estas semanas, más de un mes, has necesitado nuestro impulso para dar ese salto cuántico, nuestro amor, nuestra energía, nuestros abrazos, nuestras palabras y sobre todo, nuestros silencios y presencia, hoy sé que son una especie de combustible para emprender tu vuelo, por favor, síguete llenando y llenándonos a nosotros de ti, tú, nuestra planta nuclear.

Aquí estamos y estaremos, en infinita y profunda gratitud por develarnos que hay una fuerza inmensa que mueve al mundo, un campo ilimitado, una energía que todo lo ordena, en la que sólo basta cerrar los ojos y llamarle para que los milagros ocurran. Tú nos has mostrado que la Fuente de amor se encarga cuando soltamos y confiamos.

Si yo volviera a nacer, ma, te volvería a elegir y no te cambiaría nada, mi fórmula perfecta, mi mujer luminosa, mi más grande amor, mi alquimista favorita, mi guerrera y maestra exigente pero efectiva.

Traigo en los oídos los latidos de tu corazón frágil, es la canción que escuché desde que llegué a este plano durante ni más ni menos que nueve meses, me la volviste a poner, quizá, para recordarme esta hermosa posibilidad de ser una misma, pese al tiempo y el espacio.

Esta carta es para tu alma, ma, sé que la mía esta noche te la hará llegar con inmenso amor, honrando a tu luz y a tu fuerza, porque has dejado un montón de frutos, sé que estarás bien en este plano o en algún otro, vamos a gozarnos el tiempo que nos quede.

Te amo siempre, mi guerrera.

Todo el mundo se lleva puesto algo de ti

Continuando con esta historia referente a la partida de mi madre, mis hermanas, mis hermanos y yo nos disputábamos sus rebozos como la mejor herencia que pudiéramos tener, de pronto porque representaba su abrazo, tenerlo puesto para mí es como si una segunda piel se quedara guardada en la memoria de mi cuerpo, y para cada uno de nosotros, una especie de manto protector que nos reconecta con su energía amorosa.

Para su partida, le pusimos un rebozo precioso, deshilado, color perla y, en mi búsqueda y selección curiosa, encontré uno con más de treinta años, los había en rosa, blanco, negro, verde, gris, gris con blanco, gris con negro, había con flores, deshilados, en combinaciones con dorado y palo de rosa. Yo los tomaba y los olía, pensaba en cómo, además de representar su abrazo, me significan dignidad... Sí, tengo escenas de cómo tantas mujeres como mi madre lo usaban y lo cruzaban con ese impulso y ese aire de resiliencia, mamá lo portaba con devoción y altivez, en medio de sus batallas, ella se tenía a sí misma y a su rebozo en el que acunaba a cada uno de nosotros y se envolvía a ella misma.

Su rebozo fue nuestra cuna, nuestro hogar, ese espacio en donde probablemente nacieron todos nuestros apegos para con ella, ahí, cada uno, en su tiempo, escuchamos el tambor de su corazón, su respiración, sentimos su calor y, en muchos momentos, compartimos su soledad y angustia mientras esperábamos las vacas gordas.

Con su rebozo y cercanía, no hizo falta discurso alguno, símbolo de feminidad para nosotras, de elegancia y protección, ¿qué más pudimos pedirle a mamá que no nos hubiera dado? Había un rebozo en particular que yo le había obsequiado hacía muchos años, recuerdo haberlo comprado en el Corte Inglés durante mi año como estudiante en Barcelona, era de seda, color palo de rosa con dorado, lo busqué intensamente y no lo encontré, no supe de él... pero dejemos esta parte de la historia aquí, en tanto, te comparto algo más en paralelo...

Mientras todo esto ocurría aquí en México, en New Jersey, mi hermana Ross no se sentía muy bien, ella había vencido, un año antes de la partida de mi madre, un cáncer de mama, todo fue bien ahí, sin embargo, semanas después de la ida de mamá, un día, ella comenzó a tener molestias en el ojo izquierdo, aparentemente tenía la presión del ojo elevada y, aunque se resistía a ir al doctor, cuando decidió ir al hospital, ya no la dejaron salir, tenía un tumor cerebral. Decidieron operarla de emergencia y ella me pidió que la visitara mientras su habla era como la de un bebé, no sé si lo sepas, pero las lesiones cerebrales son sumamente complejas, dada su afección en el sistema motriz y cognitivo, quien lo padece, prácticamente, ha de reaprender a hablar y a caminar. Yo planeaba ese viaje, Ross saldría del hospital y nos necesitaría, no obstante, el día que ella saldría del hospital tuvo una fuerte hemorragia y tuvieron que desconectarla. La realidad es que yo me despedí por teléfono, suena extraño, mas así fue, su hijo me llamó mientras aún vivía, pero desconectada, corrían lágrimas por sus mejillas, mientras él le ponía el teléfono en el oído, yo le deseaba que tuviera un buen viaje de vuelta a casa, que no se preocupara, que todo estaría bien, que marchara tranquila y en paz.

Pasados por lo menos 10 días, su cuerpo fue traído a México para su ritual de despedida, todos esperábamos su ataúd mientras honrábamos su vida con rezos, cantos y flores. Estando ya su cuerpo presente, me acerqué a ella con el ataúd abierto, ¿puedes adivinar qué traía puesto?... Sí, ese rebozo que yo tanto había estado buscando y que nunca encontré, entonces yo comprendí que ella se quiso llevar puesto algo que llevaba un pedacito de mí y que esto ocurre siempre, porque cada que nos relacionamos con alguien, hay un tomar algo del otro mientras damos algo más en intercambio, y generalmente no nos enteramos.

¿Y tú qué quieres que el otro se lleve puesto de ti? ¿Algún abrazo, palabra de aliento o una dosis de carcajadas? ¿O en su defecto, juicios, dolor o desolación?

Estas dos lecciones me enseñaron que la suavidad y la suspensión de juicio son dos hermosos regalos que, si los obsequiáramos más seguido, probablemente dejarían, en el corazón de quienes nos rodean, una huella profunda e imborrable, es una manera de integrar y expandir, y no es que la proyección no sea buena, la realidad es que si no proyectamos, no nos enteramos de quiénes somos en realidad. Ser humano es tener miles de matices, pero también, miles de oportunidades para cambiar nuestra narrativa.

Tu pareja, el lugar más espiritual

Marco Vieyra, mi maestro de constelaciones familiares, decía algo muy real: «El lugar más espiritual es donde hay trabajo de pareja, no hay por qué ir al Tíbet ni a la India a buscar algún gurú».

Considero que, en algún sentido, todos estamos trabajando algo al respecto, ya sea solos o acompañados, y es que cuando estamos buscando un compañero o compañera, estamos buscando resolver asuntos inconclusos con nuestros padres.
Cuando exigimos algo o ponemos nuestra demanda en alguien es porque dejamos de vernos, e incluso muchas de esas cosas que tanto pedimos fuera, nosotros mismos nos las podemos dar.

Volviendo al punto de las relaciones de pareja, contemplemos dos escenarios, el primero será el de las relaciones karmáticas, en donde se aprende mucho de uno mismo a través del otro, un poco a la mala, es incluso un tanto enfermo porque está la tendencia de «no puedo estar contigo, pero tampoco sin ti» y así hay quien envejece y muere seguido del otro, sino es que juntos.

En el segundo escenario, están las relaciones efímeras, en donde llegamos a, entre comillas, buscar vínculos con personas emocionalmente inaccesibles (por ejemplo, alguien que está del otro lado del océano o una persona que está comprometida con alguien más, inclusive con su trabajo más que con su misma pareja) por temor al abandono, es decir, «De antemano sé que no estás, entonces, como no estás, no hay manera de que te vayas, por tanto, no me puedes abandonar».

Y pienso en todas esas veces en las que queremos corregir a nuestros papás a través de nuestra pareja, nos aferramos a la idea de no repetir la historia y, por andar juzgando y los patos tirando a las escopetas, terminamos por escoger a la peor pareja, la realidad es que los defectos de tu compañero o compañera son del tamaño del juicio y la crítica a mamá o a papá. Imagínate lo sanador que sería mirarle a los ojos tomándole de las manos y decirle: «No te estaba mirando a ti, estaba viendo a mis padres y quería solucionar con ellos a través de ti».

Alexander Lowen, uno de los referentes y padres de la psicoterapia corporal, decía que: «La búsqueda de un amor inquebrantable es también autodestructivo». Yo creo que las relaciones son dinámicas, se transforman, todos vivimos en impermanencia.

El otro día escuchaba que una buena pareja no es la que no pelea, sino la que sabe pelear, el asunto es no invertir energía en metas irreales ni en fuentes externas para realizarnos, porque nuestra expectativa nos deprime. Y es muy interesante porque el mismo Lowen decía que la depresión se puede contemplar como un aviso que da la naturaleza para pedir que se detenga esta inversión inútil de energía y dar tiempo para que el espíritu se recupere a través de su misma ralentización.

Mi maestro proponía un ejercicio muy interesante para liberar a los padres y tomarlos con todo lo que son o lo que fueron, y a través de eso, tomarlo todo en la vida, porque cuando no los tomamos hay una lista de bloqueos en todas nuestras dimensiones y no terminamos de potenciarnos y florecer.

Pon mucha atención a lo que harás. Colocarás en el piso una foto de tus padres, recargada en la pared, a lo largo de 21 días, te postrarás en el piso en rendición frente a la foto y dirás: «Me rindo, papá; me rindo, mamá; los tomo a los dos. Te tomo, mamá; te tomo, papá; ustedes son mejores que yo, yo nunca seré mejor que ustedes».

Puedes también, en rendición, hacer una lista verbal de todo eso que agradeces a pesar de todo.

Mientras más nos rendimos, más nos fortalecemos, de lo contrario, mientras continuemos juzgando, seguiremos disparando el fenómeno de la repetición, y es que siempre que decimos: «Yo no quiero ser como mi mamá o mi papá» escupimos al cielo, porque ya somos, ya cumplieron, ya nos dieron la vida y esa era su única tarea en su descripción de puesto como padres, tenemos ya una carga genética y si nos dieron mucho amor, vacaciones, domingo, juguetes, etcétera, esas ya son mieles. Si estás aquí leyendo este libro ahora mismo, créeme... ¡Lo hicieron muy bien!

Si sanas eso, seguramente, se moverán muchos aspectos en tu vida, incluida la pareja y las finanzas, sólo de una vez por todas conviértete en adulto y deja de pedir y exigir desde la consciencia infantil.

Cuando tomamos a mamá y a papá, podemos separarnos de ellos porque los tenemos incorporados en el amor; cuando no los tomamos, su crítica y opiniones son una carga enorme y si sientes eso, cierra los ojos, coloca tu mano en el corazón y di: «En la espalda duele, prefiero tenerte en mi corazón».

La consciencia que no juzga

En alguna clase que tuve mientras estudiaba Terapia Psicocorporal, recuerdo que la maestra nos hizo una dinámica, en donde pidió que aquellos que en algún momento hubieran experimentado el amor incondicional hicieran un círculo en el centro. A mí me parece que el amor incondicional tiene justo que ver con la suspensión de juicio, con ese lugar en donde probablemente yo no voy a estar de acuerdo contigo pero no te voy a invalidar, esos espacios en las relaciones en donde no hay que cambiar nada porque nos sentimos aceptados y bienvenidos así nada más, por supuesto que yo pasé al círculo del centro porque también he tenido ese nivel de relación en mi vida dentro de mi familia, quizás el amor de mamá fue más guerrero pero infinito y profundo en medio de tantos juicios de una para con la otra, pero sí... Así fue su estocada final y con eso me movió toda la percepción.

En el ejercicio hubo gente que se quedó afuera del círculo y entonces compartimos ese amor y esa aceptación.

La consciencia universal no juzga, y es que somos nosotros, cada uno dentro de sí mismo, el juez más implacable y eso nos distorsiona la percepción y juzgamos a los demás con el mismo rigor que nos juzgamos y, entonces, lo que ocurre es que dejamos de hacer muchas cosas que queremos hacer por miedo al juicio externo, paradójicamente, es esta misma falta de aceptación positiva incondicional dentro de cada uno lo que dejamos entrever cuando miramos la paja en el ojo ajeno y no la viga que tenemos en el nuestro.

Y ojo, que no estigmatizo al juicio, sino la calidad del juicio; nos cuesta mucho aceptar eso con lo que no estamos de acuerdo y nos atrevemos a señalar y hacemos una oleada en torno a eso.

Un curso de milagros dice que un milagro es la corrección de nuestra percepción, y sin duda, porque nuestra percepción está totalmente influida por nuestras propias heridas y eso genera más y más separación.

Me parece que un salto de evolución consciencial sería agradecer todas esas situaciones o personas que nos incomodan y nos invitan a ser juzgadas porque nos muestran dónde tenemos trabajo, dónde hay que sanar y poder descubrir qué es lo que nos está enfermando para transformarlo y dejar que la luz entre por la herida.

La invitación el día de hoy es estar más conscientes de nuestras conversaciones y pensamientos para darnos cuenta cuando estemos juzgando porque, además, lo que ocurre cuando juzgamos es que permitimos que las circunstancias del otro nos toquen y es una manera de desenfocar nuestra energía y poder de nosotros mismos.

Byron Katie dice: «En esta vida hay tres tipos de asuntos: los tuyos, los míos y los de Dios». Cuando juzgamos a los demás y asumimos cómo deberían ser o cómo deberían actuar, estamos metidos en sus asuntos: «Si tú estás viviendo tu vida y yo estoy viviendo mentalmente tu vida, ¿quién está aquí viviendo la mía?»

Y me parece que es lo que ocurre cuando juzgamos: vivimos la vida del otro y dejamos de vivir la nuestra. Ojalá que podamos ser más compasivos con nosotros mismos para que podamos ser más compasivos, amorosos y aceptantes con los demás.

Y para cerrar con este capítulo, me gustaría dejarte con una pregunta: ¿Qué es eso que te encanta o te gustaría hacer y no has hecho por temor al juicio de los demás?

Soltar

Si vas a soltarlo todo, hazlo de una vez, lánzalo, entrégalo al viento, que se lo lleve. Si vas a soltarlo, ofréndalo desde el corazón, confiando, bailando, aunque llorando. Si vas a soltarlo todo, vacíate, que te atraviese el dolor, purifícate... que todo pasa.
Si vas a soltar, hazlo, libérate, suelta todo, pero eso sí... ¡Jamás te sueltes a ti! Agárrate bien fuerte y confía en que tu corazón sabrá sostenerse en la tempestad.

Rosario Cardoso

CAPÍTULO IV

La bondad del desapego

Desapego es poder

Hablar de apego es tocar los umbrales de nuestra sombra, es visitar esos rincones oscuros de la psique y estados incómodos del alma, porque al ir el alma y el ego por lugares distintos, experimentamos a menudo batallas internas; y mientras el ego se aferra a personas, objetos y circunstancias, únicamente por placer y adicción, el alma nos lleva, nos guía e invita a dar siempre esos pequeños saltos cuánticos de consciencia, a fluir y a confiar en la vida, empujándonos a tomar decisiones, muchas veces, incomprensibles.

El apego es ese vínculo obsesivo con personas, objetos y estados. Se genera porque da placer o porque tenemos la fantasía de que ese algo o ese alguien nos confiere seguridad y sentido de vida, y se manifiesta a través de nuestra adicción a pensamientos, relaciones, dinero, poder, sexo, comida, objetos, trabajo, etcétera.

Cuando nos apegamos, cedemos nuestro poder a algo o a alguien más y es como si inyectáramos energía del exterior, porque cuando nos apegamos, vibramos carencia, es como si deseáramos que alguien cubriera esas necesidades de antaño o como si esperáramos que alguien nos remendara la herida, y así nos volvemos víctimas y asumimos que la otra persona tiene la obligación de «hacernos felices», dejamos esa responsabilidad en manos de alguien más y, por ende, perdemos poder sobre nosotros mismos. El miedo al abandono o al rechazo nos hace alejarnos o acercarnos a los demás.

- El apego es una cuestión de dependencias de figuras que nos significan y también existen diferentes tipos, cada estilo tiene que ver con experiencias vitales. Echemos ahora un vistazo a la infancia, si fueras un niño de acuerdo a tu historia, ¿con qué tipo de apego te identificas más?:

- **Apego seguro.** El niño experimenta a su madre como una base segura, llora porque prefiere estar con ella.

- **Apego evasivo.** No responde a la madre cuando está presente y cuando se va, no se entristece, pero cuando no está, la extraña.

- **Apego de oposición.** Al no encontrar la respuesta que quiere, actúa con ira e inclusive con celos.

- **Apego desorientado/desorganizado.** El niño refleja la mayor inseguridad, mira hacia otro sitio estando en los brazos de la madre.

El punto aquí es que el vínculo primario es orgánico y se refleja en nuestras relaciones como adultos. Sin embargo, la buena noticia es que, como lo platicamos anteriormente, en cada uno habita una madre y un padre que puede sanar a ese niño herido, dándole la presencia y atención que hoy necesita.

Cuando de niños no somos sostenidos, nos cuesta mucho trabajo conseguir herramientas, nuestro modo de crianza tiene todo que ver. Los apegos son transgeneracionales, por eso es importante revisar nuestro estilo de vida relacional.

Algo que ocurre con el apego, es que detenemos el flujo de las sincronías, generamos resistencias, nos negamos a nuevas experiencias porque nos quedamos atrapados en lo conocido y no permitimos que lo que por vibración y evolución corresponde a nuestro estado actual llegue. Qué importante es mantenernos abiertos a cada posibilidad de la mente creativa.

Hemos hablado del ego obstinado y terco que, generalmente, va muy en contra de lo que el alma realmente necesita, porque el alma es sabia y nos va guiando a través de la intuición y es que, paradójicamente, entre más soltamos, las cosas generalmente se alinean. Mira que el apego es también miedo, miedo que nos paraliza en zonas «cómodas» que, a la larga, resultan orgánicamente caras, y esto ocurre porque, consciente o inconscientemente, sentimos que no llegará algo mejor, nos casamos con lo conocido, con el pasado y justo esa búsqueda de seguridad es la que no nos permite evolucionar.

Desapego es fluir, es confiar, es mantenernos aquí y ahora, porque todo lo que requerimos ya está, ya existe, sólo es cuestión de estar receptivos y mover nuestra energía sin hacer más, con el puro hecho de darnos la oportunidad de mantenernos receptivos.

Pero ¿qué podemos hacer para practicar el desapego?

Mantente presente consciente. La incertidumbre es terreno que da frutos a partir de la imaginación, y la completa presencia en este momento es el lugar de todas las posibilidades. Recuerda que manifestamos de acuerdo a lo que en este instante hacemos, pensamos y sentimos, cocreando futuros potenciales a través de nuestra imaginación; ahora bien, si deseas practicar la imaginación creativa con afán de atraer lo que sea que creas que necesitas, procura hacerlo de manera positiva, con absoluta apertura a la experiencia como si la estuvieras viviendo en presente, pero sin aferrarte a algo o alguien en particular, con arraigo, trabajo y una metodología consistente.

Donde está tu corazón, está tu tesoro; donde está tu energía, está tu consciencia.

Enfócate en ti. Imagina que estás en el centro de un escenario, observa cómo los reflectores dan hacia ti y mira cómo brillas, así la vida, en la medida en que te enfocas en lo que tienes y no en lo que te hace falta, en lo que sueñas y lo que hay que hacer para realizarte en función a tus talentos y anhelos más profundos sin pretender retener a terceros, es en la medida en la que elevarás tu frecuencia y encenderás esa chispa divina en el corazón, embellécete internamente y te darás cuenta de cómo te vuelves un imán de todo lo bueno. Recuerda que esa fuente de satisfacción es interna y eres la única persona que puede encenderla.

Deja a los demás ser, suelta el control. Puedes ser el mejor pastel de chocolate, pero a la otra persona le gusta la vainilla y eso no te hace un mal pastel. No todo el mundo tiene por qué quererte ni tienes por qué gustarles a todos, deja ir, no hay nada más catastrófico que una relación forzada. Insisto, somos frecuenciales y vamos atrayendo en la medida que vibramos consciencialmente hablando.

No fuerces soluciones. Mantén sólo la intención de que las cosas se alineen, da lo mejor y suelta el resultado, que la solución no siempre depende de ti, y además, todo tiene un para qué. Cuando fluimos, generalmente, nos topamos con gente y experiencias maravillosas que nos llevan a un mejor puerto una vez llegado el momento. Todo tiene un proceso de gestación y las personas nos parimos una y otra vez cuando nos abrimos a nuevas maneras de solucionar circunstancias.

Suena cliché, pero, escucha a tu corazón. Si sientes el impulso de cambiarte de casa, empleo o situación sentimental, aviéntate de cabeza. Imagina que vas en un avión y quieres lanzarte de un paracaídas, ¿estás de acuerdo con que primero necesitas saltar del avión para que el paracaídas se abra?, ¿verdad que no abres el paracaídas dentro del avión? Este es un mecanismo de nuestra experiencia vital, disfrutar de este viaje implica valor, no solamente deseo.

Las personas vivimos en una tendencia actualizante, no te resistas al ineludible cambio. Todo tiene un momento, todo cambia, vivimos oscilando como péndulos de un lado a otro, así que suelta los controles y quédate ahí en medio de la incomodidad, es sólo un ratito, todo pasa, desde la alegría más profunda hasta el dolor más intenso, todo es temporal, no te apegues a la creencia de que «otra vez algo va a salir mal», cuando eso pase por tu mente, piensa que no eres la misma persona de tiempo atrás, mírate con ojos frescos y sutilmente estarás transformando tu creencia.

Tira lo que no necesites. Cuando estamos experimentando un proceso de desapego, es importante ritualizarlo para llevarlo del plano mental al plano físico y una forma es deshaciéndote de lo que ya no te sea útil. Procura mantener lo esencial contigo y en orden, mira que nuestros espacios externos reflejan nuestro estado mental.

Aprende a sentir que pierdes. Socialmente nos han enseñado a ganar, todo es ganar, se ha puesto de moda el «hacer posible lo imposible». Al ego no le gusta sentir que pierde, sin embargo, una de las enseñanzas de Jesucristo, como el gran pedagogo que fue, ha sido el morir, y es que muchos de esos dolores del alma o del ego se equiparan a una muerte de cruz, así que, date la oportunidad de perder, de morirte un ratito sin que pase mucho para que resucites. Apegarnos puede resultar orgánicamente caro, mucho más caro que asumir la pérdida o esa muerte temporal como metáfora de una crisis existencial.

Sería muy atinado que las personas compartiéramos más nuestros fracasos o travesías más complejas, mostrar vulnerabilidad nos humaniza y nos volvemos mejores compañeros de viaje. Generalmente mostramos nuestros éxitos, títulos, viajes, libros, grados y posesiones, la mayor parte del tiempo estamos ocupados en el relleno, queremos mucho y, ya que lo tenemos, no sabemos qué hacer con eso, porque no tenemos vacío, no hay espacio, estamos llenos.

Deseo que puedas poner tu dolor y tu experiencia al servicio de los demás, esta es la mejor manera de sublimarlo: compartiendo la travesía y cómo ha sido ese desmoronamiento de todo lo que no eres para sacar tu mejor néctar a la superficie.

Cierra los ojos para ver y respira. Estas prácticas son siempre un buen recurso para experimentar el desapego a partir del cuerpo, tan sólo observa cómo la libertad y el fluir son tu estado natural con la pura respiración, cómo inhalas sin retener y exhalas soltando naturalmente, es un juego de muerte – vida. Cuando acallamos la mente, quedándonos en silencio, con los ojos cerrados o contemplando alguna imagen o alguna flor, conectamos con nuestra esencia divina, es como si frenáramos cualquier futuro cocreado y deconstruyéramos algo nuevo y mejor, desde la calma y la confianza, desapegándonos del pasado, conscientes del aquí y ahora.

Desapego es poder, es recoger nuestra energía, independientemente de la revolución que pueda ocurrir en el corazón en tanto se vive el proceso, es no sentir la necesidad de tener el control o poder sobre alguien más, es confiar en la experiencia con merecimiento silencioso.

En realidad, el asunto es contigo mismo y tu mente, sufrimos porque nos resistimos a la realidad, y es que las cosas suceden y a nosotros nos toca permitir que ocurran, por tanto, vale la pena analizar tus acciones y explorar qué tanto apego guardas a cada cosa, persona, circunstancia, incluso hacia todas esas actitudes que generalmente no ves, qué tanto vives de afuera hacia adentro y de qué o quién eres esclavo y aún no terminas de ser consciente. La intención es únicamente darte cuenta y ya, una vez que nos damos cuenta de algo, el alma se redirecciona sola, es como si subieras un peldaño y miraras cosas que antes no veías.

Una persona con poder personal, naturalmente, atrae, sin pretender y sin controlar, porque no hay necesidad, porque se tiene a sí misma, porque hace uso de todos sus recursos internos, así que, emocionalmente, vete, muévete, haz lo que tengas que hacer, deja morir lo que debe morir para generar más vida, como dice uno de tantos libros sagrados: «Deja que los muertos entierren a sus muertos».

El Buda dijo que: «La suprema atención plena consiste en recordar que la vida es efímera y la muerte inevitable», por eso, deseo que tu presencia sea contundente pero amorosa y tu atención sea aguda pero compasiva.

Todo tiene su momento, sólo, por favor, concéntrate en tu propósito y no fuerces, no busques referentes y abraza lo que sea que estás viviendo hoy. Lo más importante es que tú te quedes en ti, contigo, que no te sueltes de ti, que no te abandones.

Be water, my friend, be water

Hace algunos años, escuché la que fuera la última entrevista dada por Bruce Lee, rescatada para un spot comercial, grabada en blanco y negro, en donde él menciona una inspiradora frase que decía: «*Be water, my friend, be water*» (Sé agua, mi amigo, sé agua), él hacía alusión a un principio de la «no acción» del Tao llamado Wu wei, él, a través de una metáfora, decía:

Vacía la mente, deja de tener forma, como el agua. Si tú pones agua en un vaso, ésta se convierte en un vaso; si pones agua en una botella, se convierte en la botella; si pones agua en una tetera, ella toma la forma de una tetera; el agua puede fluir o puede chocar. Sé como el agua, amigo mío, sé como el agua.

Sin duda, toda una invitación a no resistir ante lo que es, a aceptar y abrazar la realidad con todo lo que implica, y es que tanto el rechazo como la resistencia generan dolor, mucho dolor.

En mis sesiones terapéuticas, quizás mis dos invitaciones más recurrentes para mis consultantes son: «Este momento es lo único que tienes, no tienes más y con esto estamos construyendo lo que viene, por ahora, lo único que tenemos es este cruce de miradas e intercambio de palabras. Mira el sol, qué hermoso, entrando por la ventana, y qué bien se siente mantener los pies bien anclados a la tierra. Quizás parezca que no estamos haciendo mucho y, sin embargo, lo estamos haciendo todo».

De igual manera, les invito a confiar en la vida, sabiendo que todo lo que viene, conviene, que probablemente nuestro ego refunfuña porque no tiene el control, porque finalmente actuamos desde nuestra percepción y, al no tener el cuadro completo, tememos. Nos olvidamos de que hay energía orquestando todo en el campo cuántico y que a nosotros lo único que nos toca es abrir los brazos con amor o postrarnos en rendición.

Jesús mismo lo hizo, estando el Monte de los Olivos y de rodillas dijo:

Padre, si es tu voluntad, aparta de mí esta copa; pero no se haga mi voluntad, sino la tuya.
Lucas 22:42

Que si bien a la mayoría no nos gusta sentir dolor y huimos ante la incomodidad, no podremos disfrutar del placer en todo su esplendor si no tocamos la tristeza y el dolor, si no nos rendimos ante lo que está frente a nosotros, y qué importante resulta no caer en la confusión, porque muchas veces no solo nos aferramos al dolor, sino que también lo bañamos, lo peinamos, es parte de nuestra vida, lo traemos de la mano, lo alimentamos y hasta le ponemos nombre; abrazar el dolor no va de eso, no se trata de darle una recámara fija en nuestro hogar, se trata de mirarle como un huésped que naturalmente pasará a visitarnos.

Qué importante es no apegarnos ante la idea del no querer sentir nada, como del sentir demasiado. ¿La cura? La presencia, la consciencia plena, el dejar que la copa se vacíe para volverla a llenar de vino.

Dentro de lo que implica desapegarse, me parece cómo la mitología nos recuerda, a través de estas deidades fantásticas de las diferentes culturas, nuestros superpoderes, nos reconectan con nuestra capacidad de accionar, de transformar. Shiva, de quien hemos hablado anteriormente, nos muestra cómo todo es una danza cósmica perfectamente organizada, donde todos habremos de bailar al ritmo del universo, este ritmo cósmico que necesita de nuestra chispa divina para que podamos, en efecto, disfrutarlo.

Deja de invertir energía en querer cambiarlo todo, el universo en su danza cósmica perfecta no necesita que tú te esfuerces en cambiar la coreografía divina, únicamente necesitas confiar en este tejido perfecto de eventos y sincronías, únicamente necesitas bailar con la vida.

Gracias, lo siento, por favor, perdóname, te amo

Quiero contarte que nunca me había tomado tan en serio el *Ho'oponopono* —práctica tradicional hawaiana adaptada por Morrnah Nalamaku Simenona, utilizada para crear higiene mental y resolución de problemas— y aunque parece simple e inexplicable, es una manera de limpiar nuestro inconsciente y asumir, como otras veces he dicho, que «Los otros no me hacen absolutamente nada, soy yo quien se hace a través de los demás».

Vivimos haciendo que ocurran al pie de la letra estas profecías que afirmamos en silencio desde el sótano de nuestra inconsciencia, cosas que nuestra razón dice no querer, pero que para nuestro ego representan una zona cómoda, conocida, porque «Más vale malo por conocido que bueno por conocer», y entonces eso «malo» nos deja perpetuados en el papel de víctimas de las circunstancias, así nos llenamos de miedo y sufrimiento.

Siempre que me topo con una situación desagradable o dolorosa, inmediatamente me pongo a recitar estas simples, pero paradójicamente poderosas palabras, me doy gracias por la posibilidad de haberme dado cuenta, me digo cuánto lo siento porque es una forma de reflejarme compasión, me lo digo amorosamente para pedirme perdón por haberme puesto en ese lugar desde mi inconsciencia y contundentemente me abrazo para decirme cuánto me amo, aunque me sienta en el piso.

Realmente se trata de nosotros, de cada uno, nadie más es el problema, es tu percepción, y, te repito, tú puedes ser el mejor pastel de chocolate y a la otra persona le gusta la vainilla y eso no te hace un mal pastel, no es personal, no hay nada malo en ti, no eres el problema. El problema es creer que eres el problema cuando esencialmente es tu percepción lo que hay que corregir. Nadie puede rechazarte, insisto, los demás te muestran el propio rechazo que sientes hacia ti, tu propia imagen distorsionada.

Tu familia es tu gran espejo, tu pareja es tu reflejo, tu jefe y tu círculo social son tu propia proyección, ellos, sencillamente, muestran el trabajo interno pendiente. No podemos reconocer nuestras heridas si no es a través de los demás.

A veces queremos cambiar al mundo en gran escala, queremos modificar los sentimientos y las emociones del otro y lo bonito es que podemos cambiarlo todo desde adentro, únicamente mirándonos. Inténtalo, mírate a los ojos y repítelo en susurros.

Rompernos

Habremos de rompernos para que la luz nos entre por los poros, cuánto terror nos da que eso llegue a ocurrir y a veces no hay más opción, porque es una gran forma de desaprender, de restaurarnos y cambiar nuestras interpretaciones sobre el mundo.

Las veces que yo me he sentido rota, me doy cuenta de que esto obedece a mis plegarias, porque en muchas de ellas pido voluntad, pido sabiduría, pido certeza y, paradójicamente, esto es algo que se practica en situaciones adversas, en noches oscuras. Nunca sabré cuán grande es mi fe si no tengo la posibilidad de practicarla, y no, no es que me guste pararme siempre en lugares incómodos, es más bien que me voy encontrando con eso que voy proyectando y romperme equivale a la posibilidad de recoger mis proyecciones y sanar lo que no sabía que estaba enfermo desde mi lugar más inconsciente.

Cuando sientas dolor, simplemente contémplalo como una forma de energía, permite que te atraviese el corazón y luego relájate y respira, que todo es temporal.

Rompámonos para que se rompa nuestra mente polarizada, rompernos para romper nuestros conceptos y percepciones; rompernos para poner nuestro dolor al servicio de los demás; rompernos para rendirnos y ser humildes, más humanos; rompernos para volver a la Fuente.

Mirarnos

Mirarnos, cuánta falta nos hace aprender a mirarnos, porque si no nos miramos afuera, podemos confundir la mirada del otro como una muestra de amor y entonces comienza una demanda incesante de atención a cualquier precio.

Una manera de comenzar a mirarte es sentarte frente al espejo 10 minutos al día, sólo a mirarte, y mientras estés ahí, repite estas cinco palabras mántricas: gracias, lo siento, por favor, perdóname, te amo. Sentirás profunda compasión por ti, ya lo verás, sólo sostén la mirada y saborea la medicina.

La mayor parte del tiempo solemos buscar afuera, pedirle al otro, exigirle tiempo, atención, miradas, validación, y ponemos toda nuestra autoestima, voluntad y poder en sus manos, y entonces, si eso ocurre, nos sentimos únicos y especiales para el otro y hacemos de eso una «relación especial» —como bien apunta *Un curso de milagros*—, pero si ocurre lo contrario y la expectativa no fue cubierta, nos venimos abajo, al suelo, infelices y con un gran vacío en el corazón, y entonces esa relación continúa siendo una relación especial, pero «especialmente jodida».

Qué peligroso es no mirarnos, así que echa mano de toda tu creatividad para verte: medita, hazte notas de amor no sólo mentales, sino también tangibles en tus espacios, regálate flores, enfócate en cada proyecto y sella ese pacto de amor contigo, cumpliéndote cada cosita que te prometes, come sano, conviértete en tu propio detective, en tu stalker más efectivo, sé tu mejor psicoanalista, observa tu sombra y recoge tus proyecciones del otro, hazte cargo de ti y asume tus decisiones, descansa, arréglate para ti y renuncia a todo lo que no saque esa mejor versión de ti.

Mirarte para amarte, mirarte para renunciar y dejarte de hacer daño a través de los demás, mirarte para cuidarte de ti mismo. Eres tu filántropo y tu verdugo.

Encuéntrate, y luego entonces déjate encontrar

Mucho se dice que «lo que es para ti te encuentra», sin embargo, creo que el asunto aquí es que te dejes encontrar.

A veces queremos tanto algo que, ya que lo tenemos, no sabemos qué hacer con eso, ¿te ha pasado? Y se nos va la vida porque le otorgamos todo el poder al miedo, puesto que en nuestro afán de no comprometernos con el regalo, porque «qué tal que se rompe» y duele, nos perdemos de mucho y, por miedo a perder, dejamos de recibir y tomar.

Las relaciones se transforman, son dinámicas, no te aferres.

Las personas cambiamos, tenemos expectativas, sueños y anhelos, estamos en búsqueda, no te enojes si alguien se tiene que ir, es sólo que tiene una agenda de alma para cumplir, no es tu asunto, no eres el problema, no hay nada malo en ti. También pasa que, aunque el otro se quiera quedar, no puede, no le alcanza, no sabe cómo estar, y eso no es por ti.

Deja que se vaya, respira y bendice; la vida pasa, el tiempo corre, cosas mueren por irse, porque cosas mueren por llegar y hay que hacer el espacio. Todo tiene su momento, así que, por favor, concéntrate en tu propósito y no fuerces, no busques referentes y abraza lo que sea que estás viviendo hoy.

Lo más importante es que tú te quedes en ti, contigo, que no te sueltes de ti, que no te abandones. Eres la llave y la puerta, eres la medicina, eres lo que necesitas y todo lo demás son regalos, maestros y bendiciones. Hay mucho para ti.

Encuentros íntimos conscientes

¿Sabes la importancia de tener encuentros íntimos conscientes?

Estamos viviendo una era en donde resulta sumamente fácil involucrarse sexualmente con alguien, no hace falta una búsqueda exhaustiva en internet como para tener un montón de alternativas y pasarla bien un momento cualquiera con un desconocido guapo o una desconocida espectacular.

Lo primero que me gustaría contarte es que nuestro cuerpo guarda nuestra historia, es memoria inconsciente que alberga mucha de nuestra herencia ancestral y las personas, como toda materia, tenemos una vibración, y este concepto tan utilizado es como una especie de frecuencia de radio que entra en sintonía con personas afines; lo que quiero decir es que si tú sientes soledad y buscas un alguien movido por ese vacío, es 100 % probable que atraigas a una persona que se siente igual que tú. Nuestra frecuencia y vibración determinan todo lo que vivimos.

Nuestro cuerpo tiene centros importantes de energía conocidos como *chakras* y siempre que dos personas tienen un encuentro sexual, experimentan un proceso de intercambio energético importante; desde la intimidad, sus campos conocidos como auras se fusionan, creando un gran campo de energía alrededor de ambos; imagínate que si la otra persona es depresiva, sin estabilidad o tiene algún tipo de adicción estás entrando en su misma frecuencia, tomando de su energía e inyectándole de la tuya, eso explica por qué muchas de las veces te sientes tan triste sin razón, o cargas algún enojo inexplicable o experimentas situaciones dolorosas que no comprendes e incluso teniendo todo para experimentar felicidad y plenitud, sientes miseria y vacío. La energía sexual es una fuerza potente que se relaciona con nuestra salud en todos los planos, pues contiene todos nuestros deseos, sentimientos, emociones y necesidades insatisfechas, y en los encuentros íntimos absorbemos fragmentos emocionales de la vida de la otra persona.

Se dice que en el acto sexual dejamos una huella energética y kármica entre los dos, o sea que si la otra persona generó alguna consecuencia negativa para sí, te comparte algo de eso, ya que al intercambiar vibración, creamos lazos de energía sutil en donde, sin importar tiempo y espacio, dicho intercambio continúa, esa es la razón por la que generamos apego sexual y nos cuesta mucho soltar a alguna persona. Ahora, si te involucras con alguien que actualmente tiene pareja, el intercambio de la energía se da no sólo con quien te acuestas, sino también jalas energía de su pareja, ¿te lo habrías imaginado?

Qué importante es poner atención en con quién te relacionas, si trabajas en consciencia y te enfocas en sanar tus heridas, aprender a amarte, procurarte y moverte desde tu abundancia interior, poco a poco estarás rodeándote de personas que vibren en la misma frecuencia, por ende, tus encuentros sexuales serán cada vez más sanos y luminosos, porque la energía sexual es sagrada, es creativa, es poderosa y tu cuerpo es tu casa. Dicen que lo que buscamos también nos está buscando y todo lo que hemos experimentado hasta ahora es parte de nuestro crecimiento y autoconocimiento. Tú eres tu mejor proyecto, así que, si consideras que necesitas ayuda para romper patrones y dejar de atraer más de lo mismo, búscala, constrúyete como deseas, con el compromiso que eso implique.

Si consideras que has experimentado algo así, me gustaría sugerirte que antes de dormir te tomes un momento para meditar, puedes cerrar los ojos, conectar con tu respiración, mirar a la otra persona y, con toda gratitud, devolverle toda esa energía que no te pertenece, visualizar cómo cortas todos esos hilos de energía que pudieras sentir que te unen a él o a ella, la intención que pongas es lo que generará el corte.

El perdón es una gran posibilidad también para limpiar tus canales para con esas personas con quien inconscientemente continúas en conexión.

Conviértete en esa persona de la que te gustaría enamorarte y, por tu bien, no te acuestes con alguien a quien no admires, con alguien que no te eleve, ya que el sexo también nos regala estados alterados de consciencia y cuando experimentamos un orgasmo, cedemos una parte nuestra al otro.

Naturalmente, mereces lo mejor y no tienes que hacer nada que no quieras en realidad por un poco de compañía, también piensa que muchas veces eso que se te antoja no es lo que realmente necesitas ni mucho menos es lo que te hace bien.

Tu trabajo evolutivo depende de ti y si construyes una vida creativa, atractiva y luminosa, eso mismo volverá por consecuencia.

Equilibrio en tu dar

Con cada cosa buena que damos, generamos desequilibrio, pero también a veces damos más no dando. Lo sé, suena confuso.

Una de las razones por las que mayormente nos apegamos las personas, es porque nuestra consciencia infantil nos juega, a menudo, malas pasadas.

Volvernos humanos es una tarea profunda, que si bien somos seres espirituales viviendo una experiencia humana —como dice Wayne Dyer—, creo que humanizarnos es un proceso que toma tiempo, es verdad que, naturalmente, como personas, usamos máscaras casi siempre —el precio de ser auténticos es muchas veces alto—, sin embargo, también creo que como humanos vamos eligiendo desprendernos de algunas o las más posibles para ir más ligeros y flexibles por la vida. De hecho, no sé si tú sepas, pero la palabra «persona» proviene del latín *persona*, que, justamente, significa «máscara usada por un personaje teatral».

Muchas veces digo que esta vida es un juego, mas hoy aplica decir que es una obra de teatro en donde, a través de cada personaje, nos relacionamos con otros seres enmascarados que protegen su corazón tanto o más que tú y que yo. Todos los seres humanos tenemos heridas infantiles y, por tanto, diferentes mecanismos de defensa y no nos damos cuenta, pero desde ahí nos relacionamos, y bajar esta defensa implica un trabajo arduo, mismo en el que, si logramos retirar la mayor parte de nuestras proyecciones y demandas, seguramente podremos construir relaciones cada vez más sanas.
En el fondo, creo que la fantasía de todo ser humano es recibir

de alguien más todo eso que papá y mamá no pudieron darnos, y no porque no quisieran, sino porque no sabían cómo o no tenían con qué. Considero que cada uno hace lo mejor que puede con lo que tiene.

Mi intención es invitarte a observar cuál es tu necesidad hoy y a quién se la endosas, cuando tenemos necesidad, esperamos recibir y justamente ahí es cuando nos apegamos, y como te decía en un principio: cuando damos algo bueno, generamos desequilibrio en la balanza para que, naturalmente, el otro abone —lo cual es muy sano—, esa es la manera en la que las relaciones crecen, por lo que si sólo demandas o tú das y esto no es igual a lo que recibiste, construirás relaciones frágiles y caóticas.

Pienso que en otros momentos también damos más no dando, nada como tener un corazón rebosante y una vida colorida para desde ahí compartir, y no desde el vacío y la agenda oculta de «dar para obtener o controlar» —ahí das más no dando.

Mira qué hay debajo de esas máscaras que usas y explora cuál es tu favorita, si puedes descansar de ella cada vez un poco más, seguramente podrás resignificar tu historia y dosificar tu demanda, pues en tu corazón también hay un padre y una madre, desde el adulto o la adulta que hoy eres, que puede solventar muchas de tus necesidades y así construir relaciones más equilibradas, ligeras, fáciles y plenas, porque, finalmente, uno termina atrayendo un tanto de lo que uno mismo es.

Que puedas

Que puedas, deseo que puedas soltarlo, que logres arraigarte, que sientas fuerza en las piernas, la suficiente para sostener a tu corazón y liberarlo de tus expectativas.

Descansa, descansa mientras observas las palmas de tus manos libres, espaciosas para recibir lo que sea que venga. Hay muchos peces en el mar, no permitas que tu ego se apegue a uno.

Que puedas, deseo que puedas rendirte con humildad para que ahí mismo, mientras besas el suelo, recuperes tu poder y mires cómo la gracia fluye a través de ti.

Rosario Cardoso

CAPÍTULO V

El poder de la oración

Elevando la mente hacia aquello que deseamos

A muchos de nosotros, desde muy pequeñitos, se nos enseñó a conectar con algo más grande a través de la plegaria, independientemente del credo al que perteneciéramos, aprendimos de nuestros mayores que había energías en otros planos, disponibles para acompañarnos, cuidarnos y ayudarnos cuando nos encontráramos en apuros. Aprendimos diferentes maneras de hacerlo, probamos que algo ocurre en el corazón, el cuerpo y el entorno de quien ora y por quien se ora, y así hemos ido experimentando milagros pequeños y grandes, para uno mismo o para alguien más. También, hemos sentido en diferentes momentos que nuestras oraciones no son atendidas, hemos experimentado ese vacío existencial acompañado de una gran impaciencia, al sentir que nuestro deseo se resiste a materializarse, y a menudo te preguntarás por qué.

Si queremos que nuestra plegaria tenga resultados, hay un trabajo profundo previo, un trabajo de exploración y autoconocimiento, que si bien es cierto que orar es mágico y sanador, estos son los aspectos que, yo considero, debemos tomar en cuenta para orar de una manera efectiva.

Cuando hablamos de oración peticionaria, es bien importante que sepamos qué es exactamente lo que queremos, para qué lo queremos, cómo lo queremos, cuándo lo queremos y con quién lo queremos, que tengamos la capacidad de distinguir si eso que deseamos proviene del ego o proviene del alma.

¿A qué me refiero con esto?, yo puedo desear mucho un ascenso y pedir por eso, sin embargo, yo lo que deseo no es un ascenso porque realmente me apasiona lo que hago ni porque me mueva el deseo genuino de dar un paso en mi carrera, sino más bien, tengo la necesidad de ser reconocida y admirada y considero que podría ser a partir de un título y poder.

Otro ejemplo es que puedo yo desear un compañero y pedir por que llegue, pero entonces sería importante validar si yo estoy deseando un compañero porque estoy dispuesta y lista para compartir desde un reconocimiento y amor profundo a mí misma, o bien, mi deseo proviene desde la carencia, sólo porque quiero compañía para cumplir con una expectativa social o una buena manutención.

Echa un clavado en ti y explora, estos sólo son un par de ejemplos que nos dan un atisbo de luz, lo que sigue es ser brutalmente honestos con nosotros mismos e identificar la intención real de eso que queremos y si tú, pese a haber encontrado que tu deseo proviene del ego, continúas pidiéndolo y te es concedido, deberás asumir todas las consecuencias.

Deja la ambivalencia. Es muy inconsciente, imagínate que estás buscando un empleo, pides a eso en lo que crees todas las mañanas un empleo, resulta que encuentras una vacante y, ya que estás esperando la entrevista, te sientes incompetente, te invade el miedo, sientes que no estás listo o lista, cuando si así fuera no te hubiera llegado la posibilidad.

Muchas veces eso que más deseamos es lo que más miedo nos da. Y recuerda que el amor y el miedo no pueden coexistir. Si no estuvieras listo, las posibilidades no pasarían siquiera por tu mente. La peor ofensa a ti es dudar de ti mismo.

Date cuenta de que cuando pides algo, en realidad, te estás pidiendo permiso a ti mismo de que ocurra.

Acompaña tu oración con la intención de rendición y de perdón. Todo el tiempo estamos perdonando, perdonar es un ejercicio constante, no somos producto terminado. Orar implica rendirnos, asimilar que nos sentimos incompetentes, confiar en que hay una fuerza divina que se encarga de poner todas las piezas en su lugar; se trata de orar con humildad, a sabiendas de que todo tiene un para qué y que muchas veces lo que yo puedo desear no tiene un fin elevado, así que, suelta los controles y confía en que lo que ocurra será perfecto. Confía en el fondo, y no en la forma, en que muchas veces los mejores regalos vienen en empaques mal envueltos.

Cuando Jesús estaba en el Monte de los Olivos, esa noche antes de ser crucificado, lleno de miedo, e inclusive sudando sangre, se dice que él hizo esta oración:

> *Padre, si quieres retira de mí este cáliz, pero que no se haga mi voluntad, sino la tuya.*
> **Mateo 26:42**

En esos momentos en los que yo me siento invadida por el miedo, cuando ya di lo mejor y me toca soltar el resultado, recuerdo este breve pero poderoso rezo, sencillamente, me llena el corazón de paz y certeza de que lo que viene, conviene.

Cuando honramos la voluntad divina con todo el corazón, confiando en lo que está ocurriendo pese a la incomodidad y el dolor, es la señal de que estamos listos para recibir eso mejor, para romper el patrón y dar ese salto cuántico.

Cuando nos rendimos ante la voluntad divina, estamos haciendo ese espacio de vacío para lo que por derecho divino es nuestro.

Orar implica congruencia entre emoción, sentimiento y pensamiento. Muchos metafísicos y sabios dicen: «Conviértete en tu propio deseo, imagínate cómo te sentirías si ya lo tuvieras, si lo que buscas es salud, no digas: "Dios, dame salud", mejor di: "Gracias porque gozo de salud perfecta en todos los planos", y entonces imagina a cada una de tus células llenas de luz, observa a tu cuerpo con amor y siente ese calorcito de energía que recorre tu cuerpo, aunque te cueste visualizarlo e imaginarlo, pero todo eso ya está, ya existe, se trata sólo de reconectar con la Fuente de amor infinito e incondicional de la que somos parte. Somos uno con ella, somos todo lo bueno, somos eso y nada más».

No te aferres a algo o a alguien en particular, eso proviene del ego, eso es controlar, y muchas veces entre más nos aferramos a algo o alguien generamos resistencia, es como si asfixiáramos nuestro deseo por la misma ansiedad. Insisto, se trata de confiar y trabajar en la humildad, antes que cualquier otra cosa, en pedir sabiduría y entendimiento. Nuestros deseos muchas veces se limitan a lo que percibimos con los sentidos, no a lo que realmente es, no conocemos, incluso muchas veces, ni cuáles son nuestras verdaderas intenciones.

Recuerdo que en alguna ocasión que me sentía con el corazón herido, estando dispuesta a romper un patrón que se había venido presentando en mi vida de manera consistente, decidí entrar en ayuno para contactar con mi propio poder, para dominar mi ego, controlar mis apegos y remover de mi cuerpo cualquier energía que estuviera bloqueando la ruptura de eso que no quería volver a repetir. Pese al ayuno, no tenía mucha idea de cuál sería mi oración, qué era lo que quería manifestar realmente, sin embargo, una de las ventajas del ayuno es que da claridad mental, así que una mañana, mientras estaba en mi clase de box, recibí el mensaje de qué era eso que debía cultivar en mi oración, y ese algo era un amor más profundo y consciente a mí misma, una mirada fresca ante mi propia valía, apreciación a la mujer en la que me había convertido. El reto era, aunque cliché, mirarme a mí con los ojos de amor que estaba mirando afuera a alguien, apreciarme a mí como lo estaba haciendo con ese alguien, valorar mi tiempo, mi cuerpo y todas esas cualidades que reconocía en mí. Se trataba de convertirme en mi centro, en dejar de ponerme el pie y quitarme de mi propio camino para que la divinidad y su magnificencia ordenaran y restauraran mi corazón ausente de mí.

Cuántas veces reconocemos que en nuestra oración hay este deseo de manipular el corazón del otro, en nuestro anhelo de ser amados creemos que eso es lo que hemos de pedir, rotos, desde la necesidad y el vacío, no hay nada más errado que eso. El mundo te mirará tal y como tú te mires, te percibirá de la misma forma en que tú lo hagas contigo, por lo que, si quieres que tu oración tenga resultados contundentes y a largo plazo, cincélate con la misma delicadeza, cuidado y atención que lo haría el mejor escultor de la historia; mírate con compasión, con aceptación radical y con la certeza de que la profundidad con la que te ames y las mil y una formas en las que te lo manifiestes, serán el epicentro de tus demás relaciones.

Esto implica también reconocer que se trata de sacar nuestra mejor versión, de intentar mantenernos con una frecuencia elevada, de tratar a los demás como nos gustaría ser tratados.

Si consigues sacar tu mejor versión con todo lo que esto implica (comer sano, ejercitar cuerpo y mente, estar en constante aprendizaje, tener una vida creativa, activa, etc.), tu oración será escuchada con mayor efectividad, porque estarás en una vibración alta y consciente y todo lo que no sea bueno o sano para ti, se alejará por sí solo. Si buscas compañía, conviértete tú primero en esa compañía que añoras; si buscas un empleo bien remunerado donde tu trabajo sea reconocido, primero reconócelo tú. Si buscas relaciones comprometidas y a largo plazo, primero comprométete contigo y cumple lo que te prometes. Recuerda que este mundo es un espejo y tus oraciones son escuchadas muy en función a lo que tú eres, tú eres un instrumento, ¡afínate!

Algo sumamente importante es dar gracias por todo. Si tenemos el buen hábito de agradecer cada una de nuestras bendiciones, recibiremos más de lo mismo. Somos imanes y el conectar con la gratitud es reconectar con la Fuente. Puedes convertir tu vida en una oración a partir de la gratitud. Que al abrir los ojos sea lo primero que venga a tu mente, pega letreritos en tu recámara, agradece las sábanas limpias, el agua caliente de la regadera, el sol, el café, el alimento, las sonrisas, tu provisión, tu empleo, agradece por la salud, la familia, las experiencias e incluso eso que parece no tener sentido para ti, mejor dicho, experiencias desagradables sin pies ni cabeza. Recuerda que no ves toda la película y hay toda una danza cósmica orquestada por eso grande para el más alto bien de todos los involucrados.

Comparte lo que puedas, lo que tengas desde tu corazón. Comparte tu presencia, tu escucha, tu solidaridad, tus abrazos, tu alimento, tus talentos, tu conocimiento. Cuando compartes, haces espacios para que lleguen cosas nuevas, pero no lo hagas bajo esa premisa, hazlo desde reconocer al otro como una parte de ti, como esa extensión tuya que es tu hermano. En tus oraciones pide por otros, lo que pides para otros lo pides para ti. Si deseas «pedir» por la salud de alguien más, visualízale rodeado de luz, mándale luz. La mente es poderosa, funcionamos como el *wifi*, nuestras intenciones no se ven, pero la otra persona las recibe a la distancia. De hecho, en la Kabbalah se dice que, cuando pides algo para alguien, esa bendición para llegar al otro primero te atraviesa a ti, ¿a poco esto no es hermoso?

Visualiza de manera creativa, consciente de cómo te quieres sentir. La imaginación es nuestra herramienta más poderosa. Se trata de ponernos en acción mentalmente, de sostener la atención del deseo cumplido hasta que llene la mente y la empuje a vivir sincronicidades, correspondiendo a la acción de la consciencia.

La oración es una rendición, significa abandonarse uno mismo al sentimiento del deseo cumplido.

El metafísico Neville Goddard decía que en lo que debemos trabajar no es en el desarrollo de la voluntad, sino en la educación de la imaginación, asumiendo el sentimiento del deseo cumplido.

Persiste, que el que pide, recibe, y donde está tu consciencia, está tu energía lista para materializar.

Domina tu mente, si hay algo que desearías cambiar, muévete en tu imaginación, mírate y experimenta con los cinco sentidos cómo llegas a donde quisieras estar sin tiempo ni espacio, ya que el cerebro no distingue entre imaginación y realidad. Cada cosa y cada uno en tu mundo eres tú mismo exteriorizado, todo es proyección, todo es uno y por eso todas las cosas y posibilidades están contenidas dentro de ti. Imaginando es cómo vamos solidificando hechos. Pero también, si tú hoy estás atravesando una situación dolorosa o complicada, ora, ora, ora. Póstrate, ríndete, qué más da caer de rodillas un ratito cuando no hay más para hacer, luego levántate y actúa y vive como si todas tus plegarias fueran ya escuchadas.

Esta es mi historia

Soy la menor en mi numerosa familia y vengo de un matriarcado, mi madre nos sacó adelante sola, en medio de un mundo de carencias materiales y afectivas. Nos enseñó no sólo a trabajar desde muy pequeños, la realidad es que mi suerte fue distinta a la de mis hermanas y hermanos, porque si bien comencé a trabajar y financiarme muy joven, mis hermanos y hermanas trabajaron desde la infancia a la par de sus estudios.

Aunque mi perspectiva de la vida hoy y mi completa espiritualidad es totalmente ecléctica y en mi altar conviven felices el Maestro Jesús el Cristo, Shiva, Buda, la Madre Rosa Mística, Lakshmi, Ganesh y los 7 Arcángeles, la mayor parte de mi infancia crecí entre sacerdotes y monjas, pues mi madre fue la cocinera de la casa parroquial del pueblo por muchos años. De niña, hasta los umbrales de mi juventud, estuve en los coros de la iglesia, estudié Catecismo y luego fui catequista, niña misionera, leía la Biblia y pasaba a cantar los salmos en la misa. Tuve una gran ventaja y es que fui una niña lectora, pues en lo que esperaba a mi madre en el sofá, luego de todo un día de trabajo, leía los libros que ahí vendían, tuve la fortuna de toparme, por ejemplo, con Anthony de Mello y Og Mandino, leí muchas biografías de seres excepcionales, leí vidas de personas reconocidas como santos y lo más importante es que aprendí a orar desde muy pequeña, y esto no fue gracias a los libros, sino gracias a mi madre. Desde siempre la vi orar, rezaba el rosario tres veces al día y, por modelaje, entendí que había algo más grande, y no sólo eso, sino que también aprendí a conectar desde muy pequeña.

Mi relación con la religión fue muy buena, sin embargo, a los 14 años comencé a experimentar la incongruencia de los seres humanos, a mirar la política de los grupos parroquiales y la fragmentación, supe desde ahí que no quería eso para mí, no obstante, mis bases ya estaban cimentadas y, fuera a donde fuera, llevaba ya dentro un cableado que me permitía enchufarme a la Fuente siempre que necesitaba algo, desde hábitos y disciplinas muy distintas a cómo el mundo lo hacía en la iglesia. Para mí, la religión fue una forma más de compresión, un canal colectivo diferente para tocar, aunque fuera un ápice, una frecuencia distinta, aunque tan sólo se tratara de instantes.

Dentro de estos hábitos diferentes, recuerdo que todas las tardes, mientras me quedaba sola en casa siendo adolescente, entre mis 13 y 15 años, me sentaba bien derechita en el sofá, cerraba los ojos y visualizaba a Jesús sentado junto a mí, mientras yo hablaba incansablemente de todo un poco, una vez que me vaciaba, me quedaba en silencio, sólo respirando y sintiendo, yo sabía que Él estaba ahí sentado en el sofá con los pies bien arraigados al piso, igual que yo, podía estar ahí, tal vez alrededor de una hora, con mi maestro, haciéndome psicoanálisis. Practiqué tanto esto que, siempre que me sentía en aprietos, llamaba a mi maestro sin necesidad de estar en templo alguno, incluso mis amigas me encargaban rezos cuando necesitaban algo, por alguna razón, sentían la efectividad.

Otra de mis formas es que cada noche, religiosamente, le hacía una carta a Dios, admito que hoy no me gusta usar mucho la palabra Dios porque lo asocio con la imagen personificada de este hombre con barba blanca y larga, sentado en un gran sillón con una hoja y una pluma, apuntando cada una de nuestras faltas para cuando llegue el juicio final, hoy prefiero llamarle Fuente, pero bueno, en aquel momento mis cartas iniciaban con la palabra Padre, era mi manera de llevar un diario personal a modo de oración, aunque la realidad es que yo le escribía al amor incondicional. A la fecha conservo el hábito, la diferencia es que la rutina cambia y no lo hago precisamente en las noches, puedo hacerlo al despertar o luego de meditar, o bien, también antes de dormir.

Aprendí a mirar las señales, eso que llamamos sincronías, experiencias que para la mente son solo una casualidad, pues los seres humanos vivimos una infinita cantidad de eventos que, si miramos sólo como hechos casuales, corremos el riesgo de perdernos de información valiosa. El destino tiene señales y hay que estar atentos para verlas, pero habremos de estar en contacto con la Fuente para tocar ese vínculo entre lo material y lo espiritual. Un ejemplo de esto es que, recuerdo que cuando tenía alrededor de 15 años, una noche no podía dormir pensando en pagos que habría de hacer de mi venta de cosméticos, encendí la luz y mi mirada fue guiada hacia un pequeño pergamino de piel enrollado, que nunca supe de quién era, el cual decía: «Cristo es la solución, para él no hay imposibles», y fue, nuevamente, sentir la presencia de mi maestro, mi psicoanalista, mi eterno guía, ahí, diciéndome que contaba con Él en todo momento. Todavía lo conservo junto a mi cama.

Otra noche de esas, desperté de la misma manera y tomé por instinto la Biblia, la abrí al azar directamente en el Salmo 91, recuerdo que sólo lo leí y me quedé nuevamente dormida como un bebé. Con los años, supe la vibración y el poder de las palabras de ese salmo, uno de los más importantes de la Biblia, utilizado para limpiar e higienizar entornos de energías de baja densidad, entes del bajo astral y buscar protección.

No puedo dejar de mencionar la importancia que tiene el Ave María para mí, me parece el mantra por excelencia; el amor a la madre en cualquiera de sus advocaciones me parece el regalo espiritual más hermoso que haya podido recibir, que, si bien los mantras hinduistas y budistas son bellísimos y poderosos, el llamado a la madre me parece infalible. Más tarde, encontré el rosario metafísico de Elizabeth Clare Prophet y me gustó la versión sin culpa:

Ave María, llena eres de gracia, el Señor es contigo, bendita tú eres entre todas las mujeres y bendito es el fruto de tu vientre, Jesús.

Santa María, madre de Dios, ruega por nosotros los hijos e hijas de Dios, ahora y en la hora de nuestra victoria sobre el pecado, la enfermedad y la muerte.

Siendo adulta entendí que el poder de la oración hablada radica en su impacto vibratorio, modifica nuestras ondas cerebrales y nuestro campo cuántico como consecuencia, asimismo, nos eleva la frecuencia para poder sembrar el sentimiento del deseo cumplido.

Tuve también la suerte de, a mis 19 años, haber sido guiada por Blanquita, una adorada y mágica mujer que me sanaba con reiki, cromoterapia y aromaterapia, con ella me asomé al trabajo con energías más sutiles y nuevas para mí. Al tiempo, llegados mis 22, comencé a practicar yoga, comprendí la importancia del cuerpo y su poder autosanador, que si de alguna manera desde mi adolescencia ya meditaba y visualizaba sin saber exactamente qué es lo que estaba haciendo, a esta edad comencé con inmersiones más profundas en estas prácticas de meditación y *pranayama* —ramas del yoga además de las *asanas*.

Hiciera lo que hiciera, jamás dejé de lado mi estrecha comunicación con el maestro Jesús, podría numerar un sinfín de experiencias de conexión y resolución de asuntos gracias a este vínculo. Recuerdo que cuando me fui a estudiar a Barcelona un máster en Edición, llevaba yo tres objetivos: terminar exitosamente ese año de estudio, hacer el camino de Santiago de la Compostela y hacer prácticas profesionales en la editorial Penguin Random House Mondadori Barcelona, esto último fue una de mis grandes motivaciones para haber ido a esa ciudad, conocida como la capital del mundo editorial, quería saber qué pasaba con los manuscritos luego de haber sido gestados. Para hacer ese año de estudio en Europa, yo ahorré dos años y justo cuando me subí a ese avión, en el 2008, se vino una de las devaluaciones más grandes que me ha tocado vivir, el punto aquí es que si me alcanzaba para pagar la universidad y vivir tranquila en tanto trabajaba adicionalmente, además de hacer mis prácticas profesionales por lo menos 6 meses, me alcanzó para pagar todo el año la escuela y la vida cotidiana por 3 meses, lejos estaba de cubrir toda mi estancia. Mis pesos mexicanos me alcanzaron para poco, dado el disparo del euro al cielo, que si bien la escuela estaba ya saldada, yo debía meter el pie al acelerador para buscar un trabajo, esto adicional a la editorial como practicante.

Querido lector, en mis posibilidades de ese momento era más fácil conseguir empleo que acceder a la editorial, verás que como extranjera yo asumía que para entrar ahí tenía una ardua competencia, pues mis compañeros eran filólogos y literatos y yo era la única que tenía estudios en Administración de Empresas, eso sí, tenía experiencia en edición de revista y con eso me defendía muy bien; sin embargo, mi actitud y determinación en ese instante eran mi ventaja, pues me había costado mucho trabajo haber llegado ahí.

Yo arribé un octubre, previo a mi viaje, llamé a la editorial desde México, hablé con «Ana», de Recursos Humanos, me presenté incluso antes de ser admitida por la universidad y le hablé de mi deseo de hacer prácticas ahí, educadamente ella me dijo que cuando estuviera instalada y ya inmersa en el máster hablábamos. Cuando llegué a Barcelona, y en la primera semana de estudios, nuevamente me reporté y envié mi *curriculum vitae* pidiendo una cita, la respuesta que tuve fue que en ese momento no había ninguna vacante para practicante, así que tuve que esperar. Llegó diciembre, recuerdo que estaba encerrada en mi habitación, sentía el anhelo de volver a insistir porque sabía que el tiempo estaba pasando y yo lo llevaba cronometrado, no podía darme el lujo de desperdiciarlo, así que tomé el móvil y llamé a Ana, le dije que la contactaba nuevamente, dado que era diciembre y yo sabía que a inicios de año había ajustes generalmente en las organizaciones y que realmente me interesaba que me tuviera en el radar, le pedí una entrevista adelantada, aunque para ese momento no hubiera vacante alguna, recuerdo que ese día era un lunes, Ana sintió tanta insistencia mía que me dijo:

—¿Te parece que nos veamos el jueves de la siguiente semana?

Yo respondí que por supuesto, aunque por dentro me lamentaba porque mi espera supondría diez días más, que en mi calendario sí importaban. Cuando colgué esa llamada, recuerdo que cerré los ojos, llamé a mi maestro, lo visualicé frente a mí y desde lo más profundo de mi alma en voz alta le dije:

—¡Una!... Es sólo una oportunidad la que necesito, tú sabes cuánto me costó llegar aquí y todo lo que tuve que dejar, tú ayúdame a conseguirla, que de lo demás me encargo yo.

No pasaron más de 10 minutos cuando recibí una llamada de Ana de vuelta, escuché su voz de asombro diciéndome:

—¡Rosario! No me lo vas a creer, pero se acaba de abrir una vacante en el departamento de Prensa Comercial y Relaciones Públicas y tu perfil es exactamente lo que necesitamos, si te parece vente mañana mismo a entrevista con Alicia Martí, directora del área; sólo es importante que sepas que hay alguien más que también busca esa posición.

¿Puedes imaginar mi emoción profunda e intenso sentimiento de gratitud? Así que, al otro día, estuve puntual en mi cita a las

10:00 a. m., tan bien me fue, que ese mismo día empecé con mis actividades en la editorial.

Cuando ya hayas hecho todo lo que está en tus manos, sólo cierra los ojos, deja que tu alma postrada hable ante eso en lo que creas y verás cómo, cuando rindes tu petición, las cosas se acomodan.

Te confieso que mantener y cultivar mi fe ha sido un reto porque también tuve que aprender a comprender que las cosas no siempre serían como yo quería, como mi ego las buscaba, hubo momentos en los que también experimenté rabia contra mi maestro a causa de esto, claro que con los años comprendí que ese «no» contundente ante mi plegaria me llevó por rumbos insospechados que me han traído hasta este lugar, me libró de relaciones catastróficas y, lo más importante, me libró de perderme a mí misma.

Estudiar siempre me ha abonado en mi experiencia espiritual, pues he tenido la fortuna de tener grandes maestros. Además de que también he sido una lectora voraz. Carl Gustav Jung cambió totalmente mi perspectiva de muchas de las cosas en las que creía, a través de sus teorías comprendí cómo somos uno con el todo y que todas estas fuerzas sagradas y divinas habitan en el interior de cada ser humano, comprendí parte de las cosas que experimentaba en mi infancia y adolescencia, y mi óptica acerca del ritual en general también cambió por completo, entendí finalmente que ese Dios del que siempre se habla no nos mira de fuera, sino realmente desde adentro, que el verdadero encuentro con Dios (o la Fuente, como le llamamos muchos), es el encuentro con nuestro inconsciente.

Dios para mí

Me tomó tiempo introyectar en mí un significado más genuino de lo que esta fuerza me representa, y la realidad es que ni siquiera es algo que asuma que puedo explicar con palabras, de cualquier manera, lo intentaré.

En muchos momentos de la vida me he sentido condicionada al amor, puede resultar muy cansado y frustrante el tener que ser de tal o cual manera para que nos quieran, crecimos en medio de un montón de reglas y expectativas sociales y religiosas, aprendimos códigos emocionales para poder así formar parte del cuadro de honor de esos círculos en los que crecimos. Las doctrinas claramente fomentan este montón de requisitos para «el bien ser», sin embargo, creo que ni Cristo era cristiano ni Buda era budista. Recuerdo que durante muchos años, mientras construía mi libre pensamiento y quitaba toda la paja de mis ideas, había un introyecto casi imperceptible, se trataba de que, cuando iba a misa los domingos, lo hacía porque sentía que si no participaba en el ritual, mi semana, probablemente, no fuera lo suficientemente buena, en cuanto lo descubrí dejé de ir para romper con esa condición de miedo en mí y me fui más profundo en mi práctica meditativa de la que más adelante hablaré.

Esa fuerza divina ha tenido distintas maneras de tocarme y revelarse, y cuando la busco en determinados espacios, me siento como el pez que busca el océano mientras nada perdido en su inmensidad. Por otro lado, creo que la divinidad tiene tantas caras y colores como peces en el mar y se manifiesta a cada uno de la manera que más sencillamente pueda ser percibida. La Fuente es amor divino, infinito e incondicional, es abundancia en su totalidad fragmentada por la mente humana, por la percepción alterada por nuestras heridas no atendidas. La Fuente es libertad, es un mundo de posibilidades para disfrutar, es gozo, es no juicio, es aceptación positiva incondicional, es consciencia en acción. Me impresiona lo poderosos que somos y cuánto lo ignoramos, cómo cada pensamiento con la fuerza de una intención específica puede desencadenar una serie de eventos que podríamos comparar con el cielo o el infierno en la tierra, como a través de la gratitud podemos convertirnos en un imán de bendiciones y por medio de nuestras palabras manifestar lo mejor o lo peor para nosotros y para los demás.

Nos olvidamos de quiénes somos y ese es nuestro mayor pecado: el olvido; somos la obra máxima de una inteligencia suprema que está en todas partes, sutil y sublime, estamos armados con un montón de dones y talentos, a través de los cuales, la consciencia divina se expresa y cuando matamos nuestras pasiones o enterramos nuestros anhelos más profundos, nos desconectamos de la Fuente, y con la desconexión llega la miseria en todas sus expresiones. Aun cuando pudieras, según tú, tener un buen sueldo vendiéndole tu alma al diablo con un trabajo intenso, pero que «te reditúa» de manera «afortunada», créeme, tu abundancia nunca estará al máximo, porque estarás estirando de un lado pero rompiendo del otro tus relaciones más significativas, e inclusive tu cuenta bancaria nunca estará tan floreciente como podría estarlo si tu corazón estuviera totalmente puesto y entregado en ese sueño que tienes en el tintero y para el cual, probablemente, estás listo, aunque tu ego te diga todo lo contrario. Hay cosas que no tienen precio y no hay buen sueldo que alcance para conservarlas, y esas cosas que son tu salud, tu paz, tu familia y tu libertad, incluso con el mejor salario y una de estas cuatro cosas, se fractura, sobra decirte que no serías una persona abundante y estarías lejos de ese Dios en el que crees, quizás tendrías algo de dinero, sin embargo, no serías abundante como estás destinado a serlo.

Si tu actividad cotidiana no te satisface y quieres dar el salto hacia eso que te llena el alma, comienza por dedicarle algunas horas a lo largo de la semana, eso sí, se necesita mucho valor y voluntad para empezar de cero en otro proyecto, pero recuerda que las personas decidimos cambiar sólo cuando nos resulta más doloroso permanecer donde estamos que el mismo cambio, mi recomendación es que no te esperes a que te duela más, o a que la infelicidad termine contigo y tu salud, empieza de poco a poco y verás que no sólo será empoderador, sino que también abrirás la puerta a la abundancia, porque la pasión y el amor por un proyecto son lo que nos alinea con la divinidad.

Si elegimos recordar, multiplicar nuestros dones con la práctica y ponernos al servicio de los demás a través de nuestros talentos, seremos más y más abundantes en todas y cada una de las áreas de nuestra vida. Realmente, la Fuente espera nuestro voto de confianza como para que se ensanche cada vez más nuestra vasija y se vaya llenando de todas y cada una de las cosas que necesitamos y mucho más, para nosotros y para compartir.

La Fuente es abundancia, mi amigo Helios Herrera pregunta siempre que cuándo se ha visto a una ballena preocupada por no tener alimento, a sabiendas de que una ballena necesita miles de peces para alimentarse a diario. Insisto, es nuestra mente el problema.

Sólo cierra los ojos

Se dice que entre un pensamiento y otro hay un espacio vacío y allí se expresa la voz de la Fuente. Cuando guardamos silencio, respirando despacito, establecemos contacto con todos y cada uno de nuestros recursos internos, con esa presencia que nos habita y tiene todas y cada una de las respuestas. En la plegaria, nosotros hablamos a la Fuente y en la meditación permitimos que la Fuente se exprese.

Es verdad que, a veces, parecería que no estamos precisamente dispuestos a acallar nuestros sentidos o que el ambiente no es propicio para convertirnos en ese remanso de paz que, imaginamos, hemos de convertirnos; lo cierto es que, más allá de una técnica, basta con cerrar los ojos un instante, sentir la vida correr dentro, el bombeo de nuestro corazón, sentir el oxígeno entrar por nuestras fosas nasales y experimentar el milagro de ser parte de algo inmenso. Se trata de arraigarnos y rendirnos a este momento, de mirar dentro y descubrir qué ocurre cuando los reflectores están en ti, de convertirte en el observador, en la presencia que te mira y lograr ser consciente de que este instante es todo lo que tienes y así vivir segundo a segundo.

La vida son instantes, y aun cuando estés con los ojos abiertos, en absoluta entrega a una tarea, respirando con el cosmos, contrayendo y expandiendo, sintiendo ese fuego en el corazón, haciendo lo que sea que haya que hacer, pero con consciencia, estás meditando. Barrer con consciencia como si internamente limpiaras algo dentro de ti, lavar los platos del fregadero, sintiendo el agua en tus manos, sin que en ese instante no exista más que los platos sucios apilados y tú, estar genuinamente presente en una conversación escuchando al otro, sin pensar qué responder mientras aún habla, respirar profundo y con toda la intención de sorber la vida, inhalación tras inhalación, contemplar en silencio un atardecer, mirar la luna en absoluta entrega, comer en calma un bocado a la vez, sentir esa canción favorita que te pone a bailar, leer lento ese poema que hace suspirar, oler el café de la mañana mientras sonríes, sintiendo la taza caliente entre tus manos, acariciar con calma y lentitud a esa persona amada mirándole a los ojos, tocar a tu mascota con los sentidos expandidos, mirar una vela en silencio, contemplar la belleza de una rosa, admirar los colores de un árbol y contactar con el alma de una planta... Es así cómo podemos purificar nuestra energía, liberarnos de la tiranía de la mente ansiosa que va y viene juzgándolo todo.

Puedes meditar también activamente, puedes tomarte una taza de té al estilo Thich Nhat Hanh. Este maestro budista propone el siguiente ejercicio en su libro *El milagro del Mindfulness*, yo le he sumado algunos detalles. Mira de qué se trata:

Sé consciente mientras preparas una taza de té. Haz cada movimiento lentamente, no dejes de ser consciente ni pierdas un solo detalle de tus movimientos. Sé consciente de cuando tu mano levanta la tetera por el asa, de cuando viertes el humeante té en la taza, date cuenta de que huele delicioso. Respira con más suavidad y profundidad de lo habitual. Si tu mente se distrae, sigue la respiración. Contacta con el calor de la taza y el aroma, regálate una sonrisa antes de dar el primer sorbo y luego del último, cierra los ojos, respira y da las gracias. Vivir en atención plena es la única ventana para encontrar espacios mentales de respuestas no vistas, eso es vivir en un estado meditativo.

Es más fácil de lo que parece, no hay que levitar, tan sencillo como que la conexión con la Fuente es el remedio a cualquier malestar, y esa conexión está en nuestro ADN. Es nuestra necesidad de controlar lo que se convierte en el navegador de nuestra vida, y así vamos perdiendo nuestra conexión con la Fuente.

Cuando elegimos sentarnos, cerrar los ojos y respirar conscientes, meditamos, y cuando meditamos, nos editamos; se trata de, en todo momento, experimentar nuestras emociones y darnos cuenta de que no sólo están éstas presentes, sino también nuestra propia sabiduría. Escúchala respirando.

Para meditar se necesita sólo un poco de voluntad y un ferviente deseo de generar cambios, en mi caso particular, me hice una meditadora disciplinada en medio de mis procesos de sanación y búsqueda por transformar mis circunstancias.

Yo me permití dejarme acompañar por las técnicas y la sabiduría del Dr. Joe Dispenza, en otros momentos utilizaba el Padre Nuestro como mantra, usando mi japa mala para aquietar mis sentidos, o bien, el Ave María, una vez habiendo logrado elevar mi vibración, el silencio llegaba solo y me quedaba ahí, disfrutando de la conexión. Es verdad que no siempre era fácil entrar, y aunque si me sentaba una hora y de esa hora lograba conectar con la fuente cinco minutos, bien habría valido la pena, y a pesar de que no lograra ni cinco minutos, dada mi propia saturación mental, mi intención estaba sembrada.

Yo creo fielmente que muchas veces adoptamos una práctica hasta que degustamos sus dulces frutos, también, creo que paradójicamente esto ocurre cuando estamos de rodillas ante la vida, transitando por alguna crisis, cuando no sabemos qué más hacer, cuando nada funciona, cuando estamos dispuestos a desaprender, a vaciar nuestra vasija.

Cuando sientas dudas por escuchar y darle volumen a la voz de la cabeza, lleva las manos al corazón y, con los ojos cerrados, ve dentro, respira y repite el siguiente mantra: «En mi corazón se disuelve la confusión».

Sentir gratitud y no expresarla, es como envolver un regalo y no darlo.

William Arthur Ward

CAPÍTULO VI

La práctica de la gratitud:

Medicina preventiva

Ser agradecido genera bendiciones

En algún momento de la vida, escuché que la gratitud es la oración más elevada, y es que es muy fácil agradecer cuando todo va bien, pero ¿cómo poder experimentar gratitud aun en medio de la crisis?

El hermano David Steindl-Rast, el mayor referente en la práctica de *gratefulness,* cuestiona: «¿Qué está primero, la felicidad o el agradecimiento?»

> No es la felicidad lo que nos hace agradecidos; es la gratitud lo que nos hace felices. Todos conocemos personas que tienen todo lo necesario como para ser felices, y, sin embargo, no lo son, simplemente porque no están agradecidas por lo que tienen. Por otro lado, todos conocemos también personas que no son para nada afortunadas, y, sin embargo, irradian alegría, simplemente porque, aun en medio de su miseria, son agradecidas. Así, la gratitud es la clave de la felicidad. (David Steindl-Rast)

Gratitud vs. Agradecimiento

A todos, desde que somos pequeños, se nos enseña a decir «gracias», lo hacemos robótica e inconscientemente a lo largo del día, no nos detenemos a explorar siquiera si lo sentimos. El agradecimiento es un asunto de protocolo, un código social, un tema de educación, pero la gratitud es más que un simple sentimiento de agradecimiento, requiere que estemos atentos al papel de los demás en nuestras vidas. Esto es diferente al fugaz acto de un simple «gracias» o sentirse agradecido ocasionalmente.

La clave es mantener la gratitud al frente de nuestras vidas como una actitud, una manera de ser y estar. No se trata solo de pensar en lo agradecidos que estamos de tener todo lo que tenemos, se trata de vivir esa gratitud a través de las cosas simples que hacemos todos los días. Cuando más miedo e incertidumbre siento, más agradecida soy, porque eso me eleva la energía y me hace cambiar el foco de atención.

La gratitud es la manifestación de amor, devoción y compromiso hacia quienes más significan para ti, mientras el agradecimiento surge a partir de la recepción de algún tipo de beneficio. Al entender que dicha gracia es facilitada o promovida por otra persona, suele nacer en el sujeto el sentimiento de gratitud hacia aquel que le prestó su colaboración.

¿Qué nos exige el agradecimiento?

Generalmente, los seres humanos nos llenamos de expectativas y de deseos, endosamos a los demás la responsabilidad de hacernos felices, que nos den, que nos satisfagan en todo momento, y cuando recibimos, a veces no somos capaces de apreciarlo, justamente por esa necesidad insaciable que se trata más bien de una demanda infantil, acompañada de la creencia de «lo merezco todo».

Melody Beattie dice que:

> La gratitud abre la totalidad de la vida, transforma lo que tenemos en suficiente, y aún más. Transforma la negación en aceptación, el caos en orden, la confusión en claridad… La gratitud le da sentido a nuestro pasado, nos trae paz a nuestro presente y crea visión para el mañana.

Nada más cierto que eso.

Siéntete agradecido por todo lo que tienes y eres, por tu familia, tu dinero en la cantidad que sea, la salud, los momentos que viviste en el pasado y la capacidad de construir la vida que sueñas, porque todo lo que siembres en tu mente hoy, será la realidad de mañana.

Recuerda lo siguiente: Todo en donde pones tu atención, se multiplica. Así que, enfócate en lo bueno, en lo que sí hay, en lo que sí tienes y quieres más de eso.

¿Cuál será la forma que todos tenemos para encontrar eso valioso en todo lo que nos ha sido dado cotidianamente?

El hermano David Steindl-Rast propone tres acciones muy sencillas: para, mira y anda.

Para: Se trata, justamente, de detenerte un momento en silencio y atención plena, en calma, para poder marcar la señal de alto en tu vida. Es demasiado el ruido interno y el ajetreo, así que la invitación es a estar presentes y no darlo todo por sentado. Puedes poner algún post-it en los espacios de tu casa, como la puerta del refrigerador, con la palabra «gracias» y detenerte a sentirla, en la puerta de tu recámara, en tu computadora o cerca del apagador de la luz.

Mira: Ahora, una vez que te has detenido en silencio y atención plena, sólo contempla eso que está frente a ti con todos los sentidos, abre bien los ojos y la respiración, conecta con tu sentido del olfato sin que te aferres a nada.

Anda: Con la certeza de que la vida tiene para ti algo a cada momento y que, justamente, cada instante encierra una oportunidad, avanzas, pero tomando todo lo que la vida te dé, incluidas esas cosas que parecerían pequeñas. Se trata de conectar con la vida en cada momento y permitir que su fuerza influya en ti.

Me gusta pensar que los seres humanos somos como una vasija que entre más agradece, más se ensancha, más espacio hay para recibir.

Los seres humanos tenemos la tendencia a anclarnos a nuestros deseos de una manera muy poco receptiva a alguna otra alternativa y entonces lo que termina por ocurrir es que nos enfocamos en el futuro y dejamos de vivir y agradecer el presente con todos sus regalos, por supuesto, esto únicamente genera resistencias y bloquea eso nuevo que quiere llegar.

Agradecer en todo momento nos vuelve resilientes, porque al ser fácil agradecer cuando todo marcha bien, será más sencillo practicar gratitud cuando todo esté mal, dándole así un vuelco a la situación, justo ahí hagamos un esfuerzo por recordar todos y cada uno de los motivos que tenemos para dar las gracias. Si no somos capaces de agradecer las cosas sencillas y cotidianas, ¿cómo podremos estar listos para recibir más?

El reto es agradecer no únicamente cuando te sientas feliz, eso es lo más sencillo, sino también cuando experimentes incomodidad y dolor, recuerda que todo el tiempo estamos aprendiendo algo y, al no ser siempre las cosas como queremos, la mayoría de las veces nos encontramos con algo insospechadamente mejor, así que baja tus barreras y deja de intentar definir el qué, el cómo, el cuándo, el dónde y el quién, mejor agradece de antemano y permite que la vida te sorprenda, tú encárgate únicamente de dar lo mejor y soltar el resultado, porque no siempre depende de ti, pero cuando tú das lo mejor, ten la certeza de que esa inversión de tiempo y energía en un proyecto volverá a ti de manera contundente, así que, ¿qué tal si mejor agradeces de antemano?

Vamos a ponernos reflexivos, quiero que te imagines las siguientes situaciones:

Ya dijimos que la práctica de la gratitud produce un entorno no sólo más agradable, sino también más abundante, por lo que quiero preguntarte lo siguiente: ¿Te gusta tu trabajo?...

Si tu trabajo no te satisface, es evidente que menos lo agradecerás y aunque lo hagas y digas «por lo menos tengo trabajo» o «hay que agradecer que hay trabajo», la actitud y energía es de total conformismo o inclusive enfado. Es como si alguien te invitara a comer a su casa y le dijeras:

—Tu sopa sabe horrible, pero me la voy a comer.

O fingiendo un poco le dices que es deliciosa, cuando en realidad lo que sientes es asco.

¿Te lo imaginas? O haz de cuenta que alguien te regala un abrigo en Navidad y tú, con cara de amargura, le dices:

—¡Tu regalo está espantoso!, pero muchas gracias.

Sobra decir que es muy probable que en el caso uno, la persona que te invitó a comer a su casa, quizá, no lo haga nunca más o si finges que la sopa estuvo buenísima, tal vez corras el riesgo de enfermarte del estómago; y en el caso dos, esa persona que te regaló ese abrigo en Navidad no se sienta motivada en absoluto en regalarte otra cosa en algún otro momento.

Recuerda que recibimos lo que damos y el conformismo, la queja y gratitud no genuina no son congruentes, por más que hagamos decretos o rituales en luna llena al no estar nuestra emoción alineada con nuestro pensamiento y sentimiento nada de lo que, según nosotros, queremos, ocurrirá.

Para mí es muy medicinal poder pasear por mi casa y agradecer a los muebles, mis mascotas, mis plantas, mis libros, el alimento, mi ropa, mis zapatos y cada cosa que me rodea. Agradecer me reconecta con mi abundancia interior y me recuerda lo generosa que es la vida.

En mi vida los rituales son importantes, y rituales tan básicos como hacer uso consciente del poder de mis palabras, por lo que siempre que quiero manifestar algo grande, haga lo que haga a nivel tierra —acciones para hacer que las cosas ocurran—, también hago una lista escrita de gratitud cada noche por todo lo que llega a mi mente, desde lo más básico y elemental hasta eso insospechado y estrafalario.

Agradece y honra sea cual sea el momento en el que estás, no importa si son vacas flacas o gordas, si es primavera o invierno. Agradecer en la crisis produce una cosecha más abundante que agradecer en condiciones normales.

*El árbol sólo crece hacia arriba si se hunde
en la entraña de la tierra.*

Alexander Lowen

CAPÍTULO VII

Corrigiendo la percepción e integrando la sombra

Una percepción alterada

Un curso de milagros dice que el verdadero milagro es nuestro cambio de percepción, y es que esta percepción está totalmente influida por nuestras propias heridas, lo que genera fragmentación interna y separación de los demás.

¿Y qué es la percepción? Es como unos lentes a través de los cuales veo al mundo y si están sucios, no podré ver con claridad.

Qué importante es aprender a ser más conscientes de nuestras conversaciones y pensamientos para darnos cuenta de cuando estemos juzgando, porque, además, lo que ocurre cuando juzgamos es que permitimos que las circunstancias del otro nos toquen y es una manera de desenfocar nuestra energía y poder de nosotros mismos.

Nuestra percepción se altera debido a esas heridas no atendidas, se altera cuando dejamos de mirarnos y cuando caemos en la ilusión de separatividad, de fragmentación.

En su libro *Consciencia sin fronteras*, dijo Ken Wilber:

> Cuanto más firmes son nuestras fronteras, más encarnizadas son nuestras batallas. Cuanto más me aferro al placer, más temo —necesariamente— al dolor. Cuanto más voy en pos del bien, tanto más me obsesiona el mal. Cuantos más éxitos busco, mayor será mi terror al fracaso. Cuanto mayor sea el afán con que me aferro a la vida, más aterradora me parece la muerte. Cuanto mayor sea el valor que le asigne a una cosa, más me obsesionará su pérdida.

Pienso en todas esas etapas en las que viví distanciada emocionalmente de la gente a la que más decía amar y aprendí que hay huecos con los que, creativamente, aprendemos a vivir por un tiempo para luego descubrir su riqueza: están para ser llenados de lo que queramos. La luna tiene huecos, está llena de cráteres, alumbra a todos, integrada al cosmos y sin fronteras, pues aun a millones de kilómetros no sólo toda la humanidad puede observarla, sino también se puede llegar a ella, ¿y si fuéramos un poco más como ella? La luna, también, es incapaz de brillar en todas partes al mismo tiempo, y no es que lidie con su oscuridad, no la sufre, por el contrario, la abraza, la integra.

Bendita oscuridad que nos da la posibilidad de enaltecernos, y es que sólo vemos a nuestra sombra a través de los rasgos y acciones de los demás, sólo podemos darnos cuenta de ella mientras pasea fuera de nosotros, aunque a veces pretendamos no dejarla entrar más, proyectando y atribuyendo cualidades y actitudes en los demás que intentamos desterrar de nosotros mismos; por ejemplo, a mí me ocurría que mi umbral de tolerancia con la gente débil o quejumbrosa era porque me recordaban a la mujer vulnerable que no se permitía quejarse, y la realidad es que ser víctima un ratito es parte de nuestra evolución para luego darle paso al héroe.

Me impresiona la rapidez con la que retrocede mi sombra cuando me doy cuenta de ella y cuán amenazada puedo sentirme al descubrir eso que no me gusta. Cuando intento expulsar a mi sombra, no me libero de ella, no me quedo con un hueco, una brecha o un espacio en blanco en mi personalidad, sino con un síntoma, un doloroso recordatorio de que estoy ignorando una faceta mía, así nos pasa a todos. Y el trabajo aquí con nuestra percepción es comprender que vivimos en este juego de luces y sombra, pero es sólo eso, un juego.

Cuando estaba inmersa en mi propio proceso, hace algunos años, escribí esto en mi blog personal:

Pero ¿cómo he descendido por el espectro? Al disolver una demarcación mediante el reconocimiento de una proyección, me doy cuenta de que las proyecciones no son ni buenas ni malas, sino más bien necesarias, pues hay sucesos que no pueden pasar directo a la mente consciente, creo que deben primero pasar por el mundo y así yo conectar con «el otro», a quien necesito para conocer todo lo que he rechazado de mí, como el enojo, por ejemplo, aun a sabiendas de que el enojo es útil, negué durante mucho tiempo esta emoción orgánica intentando ajustarme al «ego ideal», la chica que nunca pierde el estilo.

Aprendí que mi sombra no es intrínsecamente «mala» y también hoy sé que el amor divino vive más cerca de esta, me ayuda a sostener la tensión de mis opuestos mientras yo lucho por mantenerme a la mitad del camino. Con mis primeras terapias entendí que esto es un acto difícil de soportar y que puede equipararse a una muerte de cruz, sin duda, un estado en el que la gracia puede descender sobre mí, si me dispongo a morir sin buscar soluciones racionales a temas que no pueden resolverse en el nivel del ego. Entregarse completamente a la muerte con cada exhalación es renacer y regenerarse con cada inhalación y, paradójicamente, algunas veces, cuanto más muerta me he sentido, he sido capaz de generar más vida.

Fue difícil soltar y sentir que «perdía» para acoger toda sensación incómoda, sólo así pude resignificar mi vida.

Buscaba crear conexión con mi cuerpo y darme cuenta de qué sucedía en él cuando la hostilidad se proyectaba. Recuerdo que durante mi adolescencia y primeros años de juventud, mi rostro reflejaba una expresión de enojo y casi siempre me preguntaban «¿estás enojada?»... Esto para mí era muy incómodo y me lo cuestionaba, hasta que un día, me paré frente al espejo y comencé a hacer muecas de verdadero enojo de una manera consciente y forzada, creando tensión en cada músculo de mi rostro. Fue un ejercicio muy fuerte, sin embargo, me fui al extremo y a veces sonreía de más, lo que me restaba congruencia, pues el mensaje que mandaba era doble y, como consecuencia, no permitía que quien me viera conectara conmigo, no me dejaba acompañar. Era mi mismo miedo no permitiéndome sentir vulnerable, oscilé como péndulo, yéndome de un extremo a otro.

Mi proyección mental sucedió también a nivel físico, ya que la mente y el cuerpo no son dos cosas separadas. Ahora tú pregúntate: «¿Qué sucede en mi cuerpo cuando reprimo la hostilidad?». En mi caso se me inflama el estómago, me estreñía y en ocasiones me daba reflujo.

A través de mi constante práctica de yoga, aprendí a ponerme cómoda en lugares incómodos, dispuesta poco a poco a aceptar lo incontrolable, con fe y desarrollando también un yo más profundo, buscando trascender mis propios movimientos superficiales y ruidosos de mi ego y voluntad. Tal vez mi tarea más complicada fue suavizarme, quitarme la máscara de «Doña Juez Perfecta» y asimilar de verdad que no necesitaba controlarme para poder aceptarme, aprendí a reconocerme de una forma más genuina.

Lo voluntario y lo involuntario forma parte de nosotros, y así como no podemos hacer que nos crezca el pelo más rápido ni que nuestro aparato digestivo no haga ruido justo en medio de un silencio profundo, podemos intentar dejar de manipularnos tanto, para convertirnos así en seres más libres.

En aquella etapa, fue sanador para mí el comprender e introyectar, a través del vehículo de la fe, que hay una inteligencia divina, una fuerza superior que rige y ordena lo involuntario, lo que ya no está en mis manos pero sigue siendo mío, que era

un milagro que mi organismo coordinara millones de procesos al mismo tiempo mientras el ego puede sólo con dos o tres.
El ego siempre intentará fabricar placer a través de otros. Yo buscaba que alguien más cubriera mi necesidad, mi soledad, ese padre ausente lo seguí buscando en hombres con quienes tuve sólo relaciones efímeras, buscando esa «felicidad» fuera de mí, buscando esa alegría de vivir tomando del otro.

Qué bonito sería no sólo ser un espejo pulido, sino también aprender a reflejar de manera objetiva, como lo hace un espejo, sin retener ni rechazar.

Pienso en todas esas veces que he tenido que morir y me doy cuenta de que han sido muchas, desde mi infancia morí y morí y morí. Recuerdo que esto ocurría después de cada confesión, y no es que estuviera consciente de que «moría», sino que vivía el ritual como el punto final de una antigua narrativa, decidida a ser una mejor versión de mí luego de que el padre me diera la bendición.

Cuando viví temporalmente la separación con la religión misma, experimenté la muerte a mis prejuicios, comprendí que el verdadero pecado era dudar de la incondicionalidad del amor divino y dudar también de mi potencial, fue ahí donde yo comencé a vivir de una manera más autónoma y auténtica.
Todos hemos muerto una y otra vez ante distintas situaciones como cambiar de ciudad, de empleo, de amigos, de casa, de hábitos. Morimos cada vez que hemos admitido que no tenemos control sobre lo que alguna otra persona pueda sentir o no para con nosotros. Hemos muerto cuando experimentamos la libertad que el otro tiene de ser como es y que nada tiene que ver con uno, y así es como vamos corrigiendo nuestra percepción, dejándonos morir.

El cuento del Cardo Carlina: El amuleto de la mujer soñadora

En algún lugar lejano, donde el cielo parecía un algodón azul y los árboles y las rocas cobraban vida, existía un majestuoso prado en el que se daban los cardos más hermosos que jamás nadie hubiese visto, graciosos por sí solos; es real que su belleza es extraña, pues no poseen la delicadeza de una margarita, ni la gracia de una rosa, la ternura de una gerbera, ni la pureza de un alcatraz, tampoco poseen la soberbia de un tulipán, es más, estos cardos en aquel mágico lugar tenían fama de rudeza y fealdad, quizá por esa riqueza de poseer dentro de sus especies la medicina y el veneno. Algunas de estas flores eran famosas por tener la virtud de la sanación, eran las sabias del prado, los gnomos solían recurrir a ellas cuando tenían alguna dolencia, estos cardos generosos, aun con su interminable posesión de espinas, sacaban de sí su mejor bálsamo para curar, a través de sus sustancias y rituales, muchos de los males que los gnomos y hasta una que otra hada padecían. Estas flores eran una especie de alquimistas que transformaban la penuria en placentero bienestar.

Dentro de los cardos de aquel prado de ensueño, había también algunos venenosos, tóxicos para cualquiera que pudiera tocarles, tampoco es que ellos gozaran de eso, es sólo que esa era su naturaleza y debían de adaptarse a ese hábitat, muy a pesar del dolor que eso pudiera generarles, era su ser inferior, su sombra expuesta y vaya que padecían al buscar una postura existencial que les permitiera sentirse aceptadas, inclusive por los mismos cardos sanadores de aquel lugar.

De alguna manera, sabían convivir entre ellas. Todas las mañanas intentaban lucir hermosas, se miraban en el reflejo del riachuelo cantador al cual custodiaban, del que gozaban de sus notas todas las mañanas, se bañaban con el sol y se alimentaban de su fulgor, qué más daba si eran buenas o malas, ellas sólo se vestían con su mejor sonrisa, acariciadas por sus propias espinas.

Había algunas de tonos azulados que combinaban perfecto con el cielo, podrías encontrar a algunas lilas como la seda más exquisita e independientemente de sus espinas, tanto las sanadoras como las tóxicas poseían una belleza singular. Debajo de sus espinas, y mirando muy de cerca, eran las flores especialmente atractivas.

Ahí, en ese lugar donde habitaban diversas especies endémicas, entre los cardos de tradición chamánica y los venenosos, existía un cardo muy particular que tenía la particularidad de parecerse al sol, era una flor que, además de su peculiar belleza, guardaba entre sus espinas un gran secreto: poseía en sí misma la medicina de los cardos sanadores y el veneno de los tóxicos, sus espinas eran las guardianas de tan gran tesoro, si ella lo deseaba, podía ser la flor más buena del mundo, pero con sólo quererlo podía transformarse en veneno puro y destruir lo que a ella le apeteciera. Vivía esa eterna dualidad sintiéndose ajena la mayor parte del tiempo, Carlina era su nombre, y para ella no era fácil aceptar su dualidad.

Un día, pasó un picaflor cerca de ella y la observó muy pensativa, dubitativo, aún con esa chispa espontánea, se acercó a ella diciéndole:

—¿Qué te ocurre, pequeño sol?

—No entenderías —respondió ella—, y aun así, quizá por mi misma necesidad, te expresaré que hay momentos en los que me siento sola, no es fácil, pero tengo claro que poseo un gran regalo y hasta hoy no he sabido utilizarlo.

—Mmmm, te entiendo —comentó el picaflor—, en realidad no sé qué decirte, creo que no es tan malo, aunque debo admitir que volar es divertido, sentir el sol más de cerca y vibrar con el viento, subir a los árboles y mirar desde otra perspectiva, pero no te creas, ir de un lado a otro es agotador, ser nómada y no echar raíces es también muy cansado.

—¿De verdad? —preguntó Carlina con los pétalos expandidos por la sorpresa.

—Sí —respondió el picaflor, revoloteando hiperactivo—. Tú te alimentas aquí sin mayor esfuerzo, las orugas te visitan, las catarinas buscan sombra debajo de ti, entiendo que a momentos podría ser aburrido, pero, si dices que tienes un gran regalo, ¿por qué no lo usas? Un día escuché que lo que se nos da y no utilizamos, desaparece. Recuerda, tú eres el mismo sol, basta con que mires al cielo algodonado para verte a ti misma en el astro rey. Eres privilegiada. No te pido que me cuentes tu secreto, sólo recuerda que, si tú cambias tu manera de verte a ti misma, todo afuera cambiará.

—¡Guau! ¿Es real eso? —sacudida por la sorpresa, con los pétalos despeinados, expresó Carlina.
—Tan real como tú lo desees, pequeño sol, eres hermosa, eres genuina y sé que debajo de esas espinas existe un mundo interior maravilloso.

—Bueno, la verdad es que nunca me he observado con consciencia, sólo sé que soy una flor diferente, no he sabido cómo usar mi energía orgánica. Miro a las demás flores asumiendo sus roles, y yo a veces me siento tan vulnerable. Te confieso que tengo en mí la medicina y el veneno, la mayoría de las veces saco mi mejor néctar a la superficie, naturalmente el veneno sale y cuesta vivir con él, a veces me siento incapaz de fluir con la naturaleza —con cara de tristeza y pétalos gachos, mencionó Carlina.

—Eso no está nada mal —dijo el picaflor—, sin embargo, también tienes espinas y veneno. Se me ocurre que, tal vez si te contemplas más a menudo en el riachuelo cantador, te conozcas un poco más y con el paso de los días consigas integrar más a ti eso que te fue dado: tu propio veneno. Recuerda, te hace más sabia tu propia dualidad, puedes comprender a las flores sanadoras, pero también entender la soledad de los cardos venenosos; si te observas más, podrás verte en los demás seres, tanto en la mariposa que anda libre, como en la roca deslavada que te mira curiosa. Podrás verte, incluso, en mis propios ojos, descubrirás historias fantásticas y tendrás mucho más por compartir. Los humanos dicen que lo que das, vuelve multiplicado, es más, hubo un tal Jesús que dijo que «la verdad nos hará libres», yo estoy seguro de que podrías sentirte plena y libre, tanto más te descubras en la luz y en la sombra.

Carlina se quedó en silencio, sucumbida por las palabras del picaflor que la miraba con ternura. Un poco cabizbaja, sin saber por dónde comenzar con ella misma, recordó cuán insegura había sido siempre, muy a pesar de sus espinas, muy a pesar de su veneno, ella era hermosa. En lo profundo de sí y de sus dos territorios, había riquezas no exploradas, había mucho por compartir, incluso con las propias lombrices.

Ella se sabía fuerte, autosuficiente, rica, mas había algo más que sentía que le hacía falta, vivía con el ánima a flor de piel, pero también estaba consciente de que no había marcado límites nunca, inclusive con ella misma; intuía que tenía una capacidad creativa superior y, aunque en silencio inventaba cuentos para sí, no había sacado tampoco completamente su néctar, de pronto, vivía a la defensiva de todo el ecosistema.

—Pequeño sol —interrumpió el picaflor—, dado que te veo inmersa en ti, parto. No olvides lo que hemos conversado hoy. Espero verte pronto, renovada y con muchas historias que contarme.

Con sutileza y afectivamente, agachó su diminuto pico acariciando uno de sus pétalos y voló. Y así, Carlina se hizo una promesa a sí misma:

—Desde hoy conoceré a profundidad mi mundo interior, mi mundo exterior y mi mundo subterráneo. Me miraré todos los días en el riachuelo cantor que me luce como un espejo. Disfrutaré el viento, me miraré en el mismo sol y compartiré mis historias con las catarinas y las orugas, conversaré hoy con los demás cardos y los miraré pétalo a pétalo como si fuese yo misma.

Y así, todos los días y por todos los trechos de sí misma, Carlina se observaba, a veces con miedo y hasta tristeza, otras con admiración y gratitud por su peculiaridad, había dejado de ser su propia adversaria, comprendía que ella misma había sido su verdugo, pero también descubrió que en ella misma habitaba su heroína. Ese día sabía que necesitaba dejarse acariciar más por el mismo sol, abrirse más al amor y a la belleza de la vida, dejarse proveer por algo que no fuera su propia medicina ni sólo lo que le era familiar, ahora, dejaba que nuevos insectos se posaran sobre ella, se hizo amiga de nuevas abejas y, por las noches, también cantaba con los grillos, así descubrió que, mágicamente, su veneno se volvía parte de su medicina y no necesitaba más que sonreír y, sobre todo, expresar cuando algo no fuese de su agrado, aprender a decir que no cuando un insecto no fuera amigable, a no resistir lo que fuera con tal de no sentirse sola, ahora se tenía a ella misma con sus amplios pétalos más vivos que nunca, se gustaba así, silvestre y soberana.

Cuando llovía, disfrutaba más las gotas que escurrían por su tallo, se reía con los otros cardos y consiguió hacer muy buenos amigos en aquel prado majestuoso. Todas las mañanas, las orugas le visitaban para escuchar historias, esas que Carlina se hacía durante las noches de insomnio en las que los grillos no dejaban de cantar y así, ella descubrió que nuevos pétalos brotaban, era real porque tenía vida y podía compartirla.

Cuando llegó la primavera, Carlina hizo un inventario de todas las cosas que había conseguido desde que el picaflor pasó por ahí, en alguna ocasión escuchó hablar a los elementos de unos seres llamados ángeles, mismos que tenían alas, y de pronto se disfrazaban para hacer el bien a otros, ella pensó que ese picaflor era algo así.

Sabía que su peculiaridad era su fortaleza, que su dualidad era su maestra y pudo recuperar el poder sobre su propio animus, ese que había robado parte de su femineidad, hoy era un cardo aún más auténtico, ya no era víctima de su propia autocrítica y fue capaz de construir relaciones más genuinas con todo lo que le rodeaba, antes de eso, tuvo que confrontarse con ella misma, beber un poco de su propio veneno para sólo así renacer cuantas veces fueran necesarias e integrarse por completo a su ecosistema, e inclusive descubrir que todo el ecosistema vivía dentro de ella misma, tanto las estrellas como las arañas y todo lo que le rodeaba, tanto el cielo como el mismo infierno, ser más creativa y cambiar su óptica sosa de lo que le rodeaba.

Cuando Carlina llegó a su fin, sucedió porque una mujer soñadora pasaba por ahí, los ojos le brillaron al contemplar la belleza del cardo Carlina, sus pétalos que brillaban como rayos de sol la hacían parecer una flor mágica, su autenticidad le robó un suspiro a la mujer soñadora que, hipnotizada, no dejaba de contemplarla, y sin más, con sus delicados dedos de flauta, la tomó para sí. Llegando a casa, la clavó en su puerta, pues en algún momento al contador de historias de la aldea le escuchó decir que este tipo de flor tenía la capacidad de ahuyentar a brujas, rayos y enfermedades.
Como un amuleto, hoy, Carlina mágica yace en aquella puerta de cedro, cuidando la casa de la mujer soñadora, brillantes ambas, singulares, más vivas que nunca, en la luz y en la sombra.

*Naciste aquí porque tenías trabajo que hacer.
Este es tu currículum. No es un error...
Donde estás ahora, con todas tus neurosis,
es justo el lugar perfecto para ti.*

Ram Dass

CAPÍTULO VIII

Una vida con propósito:

El santo remedio

¿Hoy qué te da miedo?

En cuestión de los sueños y proyectos personales, grábate esto: ¡Nunca bajes los brazos! Yo he recibido tantos «no», que si los cuento, parecería increíble, mas la terapia de exposición ha sido mi mejor aliada. Todos los días me pregunto:

—¿Hoy qué te da miedo?...

Y luego de identificar eso que más me asusta, me respondo:

—¡Perfecto! Vamos ahí.

Aprendí que, mientras yo no me diga «no» a mí misma, todo está bien. Y así empiezo los días, pero la vida es tan generosa que también recibo muchos «sí» en lugares, momentos y personas insospechadas en dónde no hay siquiera que tocar, porque la puerta se abre sola.

Sí, sí, he tenido mis momentos crudos y los sigo teniendo. Es muy interesante cómo las redes son un escaparate en donde cada uno mostramos sólo lo que queremos que los demás vean, mas todo el trabajo, «fracasos», expulsiones del cuadro de honor, caídas y dolores que nos acompañan parece que están en otra dimensión, en la vida real, con sigilo y en silencio para que no nos vean muchas veces vulnerables.

A lo largo de estos años, creo que mi ser se ha suavizado mucho, cosas que antes eran importantes, hoy ya no lo son o quizá no tanto. Mi práctica de yoga ha cambiado mucho, he dejado de ir tras la postura tanto en el tapete como en la vida. Mis niveles de consumo se han reducido muchísimo y mi vida es cada vez más simple.

Lo que hoy me importa es que lo más importante sea no perder de vista lo que realmente importa —yo sé que me entendiste.

Estos últimos años me han enseñado a relativizar, a mirar los grises y a soltar con mucha más facilidad. Hay tantas cosas que aprecio hoy y me queda claro que esta vida es un suspiro. ¿Pero sabes a qué sí he estado atenta? A mi alma, a no irme a dormir sin hacer algo que me haga feliz, que no llegue la noche sin poner mis dones en uso ni mis talentos al servicio de los demás. Qué más da si es a través de un pódcast, un *post,* un video, una conferencia, un taller, una terapia, mi carta de domingo, una entrada escrita a alguno de mis espacios en blog, una clase gratuita o un abrazo, una vela, una sonrisa o una llamada, una clase de yoga, un café o una respuesta en WhatsApp.

Me parece que a veces sobrevaloramos el término «propósito de vida», que si bien cada uno tiene mucho para ofrendar, en muchos momentos parece que el listón es inalcanzable.

Yo de pronto me cuestiono si mi propósito es acompañar almas en proceso a través de la psicoterapia, si es escribir o hacer velas, si es practicar yoga y compartir la práctica, o todo eso o nada de eso. Lo único que puedo decir, y que siento que me alinea, es que cada una de esas cosas me eleva, me hace estar en consciencia plena, presente y me dispara sonrisas.

Thich Nhat Hanh dijo: «Tienes una cita con el presente. Si pierdes esa cita, corres el riesgo de perder también tu vida».
Creo que donde baila el corazón ahí es, donde uno entra en estados de gracia, así sea haciendo una sopa o dibujando, pintando un cuadro o mirando a los ojos a un niño mientras le enseña el abecedario o quizás arrullando a un bebé o escribiendo un libro.
Es verdad que a veces las cosas se complican y hay esa sen-

sación de asfixia, de ansiedad y miedo, pero, ¿sabes qué?... Eso es sólo un canal para fortalecer nuestra conexión con la Fuente.

Eso es lo único que importa, la meditación y la oración son, sin duda, prácticas que me sostienen siempre, no hay día que no reciba el maravilloso néctar de anclarme a esta dimensión espiritual y eso me llena el corazón, me impulsa, me guía, organiza mi mundo y manifiesta sincronías, aunando a mi arraigo a la tierra, a mi trabajo diario, a mi búsqueda incansable.

Creo fielmente que todo nos ha sido dado y nuestra única tarea es quitarle el seguro a la puerta y abrirla para que eso que tanto anhelamos llegue a nuestras manos.

Y en la misma tónica, a esto que te voy a decir también pon mucha atención: ¡Por favor, no te compares! Deja de mirar si el pasto del vecino es más verde, cada quien tiene una batalla distinta en momentos diferentes. Si necesitas dejar de mirar historias en redes sociales o darle unfollow a cuentas que no te nutren o vidas que de antemano sabes que no son reales, ¡hazlo! Vive tu vida, ya que es hermosa con todos sus matices. Yo he dejado de seguir cuentas felices, prósperas y abundantes 24/7 porque a veces me siento rota con ganas de sentarme a llorar con un bote de helado en el sofá de casa, acompañada por mis gatos. He optado por seguir a gente más real y cercana, gente que conozco, o bien, es nutricia... ¡Amo las recetas de cocina!, los *hacks* de orden y limpieza, un poco de yoga, bienestar y memes.

La felicidad viene en tantos empaques y es probable que a veces podamos despistarnos y tirar aquel regalazo envuelto en papel periódico.

En la vida todo toma lo que toma

Yo, a lo largo de mi vida, había sido una loca que iba detrás de todo, he tenido que aprender que fe es paciencia. Pensaba en todas esas veces en las que seguramente me crucé en el camino con eso que yo buscaba ansiosamente, luego entendí que la prisa genera resistencia y que todo en la vida toma lo que toma, que cuando estamos ávidos de algo dejamos de disfrutar el viaje, dejamos de agradecer la belleza del presente por tener la mente en el destino, y lo más cansado, por prestar atención al de al lado, mirando su paso y su ritmo.

El otro día en Instagram, me topé con este texto de Tony Moret y te lo quiero compartir:

> No pasa nada, así es la vida. Alguien se graduó a los 21, pero solo consiguió trabajo a los 27. Alguien ya tenía un posgrado a los 25, pero murió a los 50, mientras que otro se graduó a los 50 y vivió hasta los 90. Hay alguien que está todavía soltero, mientras que otro que estudió la secundaria con él, ya es abuelo. Hay quienes tienen pareja y aman a alguien más, hay quienes se aman y no son nada. Obama se retiró a los 55 y Trump empezó a los 70. Todos en este mundo viven de acuerdo con su propio tiempo. Las personas que te rodean pueden parecer ir delante de ti y algunos parecen ir detrás de ti, pero todos están corriendo su propia carrera en su propio tiempo. No los envidies, están en su vida y tú estás en la tuya. Así que relájate. No has llegado tarde. No has llegado temprano. Estás justo a tiempo. Vive tu tiempo sin tener referentes, sólo concéntrate en tu propósito.

La magia de tomar decisiones

El éxito —con lo que eso signifique para ti— es proporcional a las decisiones arriesgadas que tomes. El otro día, mientras limpiaba mi casa, pensaba en cómo sería mi vida si no hubiera dado ciertos pasos a pesar del miedo, decisiones como buscar la independencia pronto, aun cuando no tuviera absoluta idea de cómo haría para estar haciendo esas cosas que más me gustaban, ni mucho menos ganarme la vida; dejar el mundo corporativo con lo que eso implica, ya sabes, un sueldo seguro, prestaciones, bonos y un plan de carrera prometedor; mudarme de país o ciudad por el motivo que fuera; atreverme a buscar a alguien en frío —o sea desde cero— para encontrar la posibilidad de hacer o aprender lo que quería; firmar un contrato para un espacio nuevo aun sin saber cómo haría para pagar; cambiar de carrera yendo detrás de mis pasiones; cerrar círculos sociales y relaciones de peso; decir «no» aun muriéndome por la incertidumbre; decir «sí» muriéndome de miedo; pasar tarjeta y comprar un curso que me significa una inversión importante sin tener certeza de cómo lo pagaría; vaciar mi casa o donarlo todo por apostarle a un cambio.

Reflexionaba en cómo una cosa realmente lleva a otra y que así vamos tejiendo la vida, en cómo cada persona y cada experiencia abona y que no es necesario venir de un entorno financieramente seguro como para confiar en la vida y soltarnos.

Siempre que en terapia alguno de mis consultantes siente miedo avasallador, una de mis maneras de trabajarlo es haciendo una lista de todos esos eventos, no sólo que marcaron su vida, sino que también redireccionaron su brújula y les llevaron hasta donde hoy están con sus mieles y sinsabores.

Caroline Myss, en su libro *El poder invisible en acción*, dice:

> La elección de reconocer un reto como una oportunidad en nuestro camino siempre es algo que depende de nosotros. Muchas de las crisis que atravesamos en la vida están orquestadas por la divinidad para orientarnos en otra dirección. Nadie está dispuesto a levantarse de un sofá cómodo. Necesitamos estrés, a veces a dosis elevadas, para reunir la fuerza de voluntad necesaria para, por fin, intentar algo nuevo en la vida.

Estas decisiones, que a veces nos da tanto miedo tomar, desbloquean una parte nuestra cuando lo hacemos, justo cuando sentimos que no nos queda de otra más que hacer y aplicar el único recurso que nos queda en las manos, aunque nos dé pavor, es la vida empujándonos hacia esa versión nuestra en donde nos toca dar ese néctar nuestro que se nos dio al nacer, y es que cuando usas algo —refiriéndome a tu don—, se expande, todo lo que la gente se lleva puesto de ti se multiplica y todo lo que no usas se pierde.

Así que, si tú acabas de tomar una decisión compleja y a momentitos sientes que fue errada, ¡confía!, no hay decisiones erradas, hay decisiones mágicas, los errados son la mente y el ego que no dan paso a la intuición.

Quise hablar de esto, más que para hablar de mí, para lograr invitarte a dejar que el miedo te atraviese y andar a pesar de él, hemos vivido tantas vidas que, si quieres hacer lo que quieres, es porque ya estás listo o lista, porque es la hora.

Una de las cosas que me funciona mucho es, además de trabajar con mi sombra o de meditar y orar, hacer afirmaciones escritas. Siempre que quiero manifestar algo, acompañado de las decisiones que voy tomando, escribo intuitivamente mis afirmaciones, me parece una manera linda de entrenar a mi mente y lidiar con el miedo. Confío mucho en la práctica de *journaling* como *fitness* mental. Si puedo, lo acompaño con ayuno, dejo de comer cosas que me gustan mucho para entrenar mi voluntad y dominar mi ego.

Y volviendo al tema de las decisiones, qué bonito es observar todas esas coincidencias que comienzan a producirse cuando damos el primer paso, y es que cuando tenemos la intención de llegar a algún lugar, comienza también nuestro cerebro a sincronizarse con el exterior, o más bien, el exterior a sincronizarse con nuestro cerebro, porque como es adentro es afuera y estas «coincidencias» liberan a nuestra mente de esos patrones mentales que siempre nos han regido, son pistas que nos guían hacia la intención del gran espíritu para con nosotros.

Y qué importante es tener el foco puesto en lo que sí queremos que ocurra, porque la atención a esas coincidencias genera más de eso, lo sabemos y, para poder conectar con eso que sí queremos que ocurra, habremos de comenzar a conectar con lo más próximo y sutil. Si comienzo por permitirme sentir y estar presente, aprenderé a escucharme y a escuchar así de poco a poco a mi intuición, porque si soy sensible a estos estímulos inmediatos podré ser sensible a las señales, a pesar del miedo, ese que no es ni más ni menos que una cortina de humo.

Cuando sientas el impulso de hacer algún cambio en tu vida, no lo ignores, ignorar resulta caro, mejor aviéntate y haz eso que tanto miedo te da.

Mi forma de hacer las cosas es particular, generalmente empiezo al revés, en algunas cosas puedo ser estructurada, sin embargo, en muchos casos, mi plan ha sido que no ha habido plan y no te digo que hagas las cosas como yo, pero sí que pagues el precio de escuchar tu intuición y tomar esas decisiones por más juzgadas que sean, que tu voz tenga un sonido, sé fiel a tu verdad y confía en tu magia, tú eres la magia.

Piolo Juvera, mi amigo improvisador, dice justamente: «Aviéntate de cabeza y en el camino ya sabrás qué hacer», y yo no puedo estar más de acuerdo con él.

Gandhi y el niño gordo

Dicen que la calidad de nuestra vida tiene todo que ver con la calidad de las preguntas que nos hacemos, y antes de seguir, me gustaría mucho invitarte a responderte lo siguiente:

Si mañana no amanecieras, ¿tu alma merecería irse de este plano así con tus dones y talentos enterrados, porque sentiste que no serías capaz de ser y hacer eso que siempre soñaste, sin confiar en que ese paracaídas se abriría al momento de aventarte?

Certeza es cuando mi emoción, mi pensamiento y mi sentimiento se alinean, cuando mi mente, mi corazón y mis tripas están en sintonía; certeza es saber que detrás de la oscuridad hay una cantidad inmensa de luz esperándonos.

La certeza tiene que ver con estar presentes, aquí y ahora, las oportunidades pasan frente a nuestra nariz y no estamos atentos, de pronto llega una ayuda externa justo antes de tirar la toalla, es como si la vida y el universo supieran que estás haciendo un esfuerzo final y te dieran lo que estás necesitando para concretar tu objetivo. No te seas desleal, date cuenta de que en los momentos de mayor necesidad es cuando más leal has de ser a los anhelos de tu corazón, y es que la sincronicidad aparece cuando hay certeza y tu única tarea es mantenerte conectado con todo lo que te rodea y abierto a todas las señales del camino.

Cuando hablo de certeza, me viene junto con pegado la palabra *congruencia*, y pienso en todos esos grandes líderes que nos han inspirado a lo largo de la historia, y hay una anécdota que a mí me inspira mucho y es la de «Gandhi y el niño gordo».

Cuando Gandhi salió de la vida pública, se retiró a una casa con un jardín grande, al cual salía a caminar por las mañanas, la casa estaba rodeada por rejillas en las que todos los días se congregaba una multitud de personas queriendo ver a Gandhiji.

Había una mujer con un hijo gordo, esta madre, desesperada, deseaba que su hijo dejara de comer azúcar, ella vivía en una comunidad localizada a 15 km a pie de aquel sitio donde Gandhi pasaría los últimos años de su vida. Angustiada por el sobrepeso de su hijo, ella decidió, un muy buen día, levantarse muy de madrugada y emprender camino con el niño para pedir ayuda al maestro. Al llegar, se encontró con todo el rededor abarrotado por cualquier cantidad de personas, en ese momento, su único recurso para que sus horas de larga caminata no fueran en vano fue acercarse a un guardia para pedirle ayuda y aproximarse donde Gandhi, estando ahí, sin reparos, habló tan fuerte al maestro que él se acercó y ella le dijo:

—Gandhiji, necesito que me ayudes a que mi hijo no coma más azúcar.

El maestro la miró con compasión y le pidió que regresara en una semana.
La mujer se fue feliz y esperanzada para a la semana siguiente volver con todo el ánimo, esperando la solución. Llegó, buscó al guardia de quien recibió ayuda, repitió el mismo ritual, el maestro los miró amorosamente a ella y al niño y le dijo nuevamente:
—Mujer, por favor, vuelve dentro de una semana.
Ella, desconcertada, fluyó con la petición del maestro, volviendo a casa para regresar a la semana siguiente, buscando

nuevamente al guardia para que le ayudase a aproximarse a Gandhi y esperar la ayuda tan deseada. Salió el maestro, caminó, la miró, miró al niño profundamente a los ojos, se agachó para estar a la altura, le tomó las manos con tanta ternura como pudo para únicamente decirle:

—Niño, no comas azúcar.

Ella, estupefacta, lo vio, cierta molestia denotaba su rostro y le reclamó:

—Pero, maestro, ¿para esto me hiciste volver una y otra vez y caminar kilómetros y kilómetros?

Él la escuchó empático para entonces responderle:

—Mujer, es que hasta hace una semana, yo todavía comía azúcar.

Y la cuestión aquí es cuántas veces añoramos una cosa y hacemos otra, es cómo muchas veces enterramos esa cajita de herramientas y talentos sin imaginar que la plenitud, a los niños como padres y a los colaboradores como líderes de equipo no se enseña, ¡se modela!, que la congruencia tiene que ver no únicamente con esa alineación entre pensamientos, palabras y hechos, sino también con lo que mi cuerpo expresa, porque el cuerpo es un contenedor de emociones y el 70 % del mensaje lo damos con el cuerpo, por eso, cuando rompemos nuestra estructura corporal a través del movimiento, rompemos nuestra estructura mental, porque el cuerpo es memoria inconsciente que nos hace ir en automático por la vida, volver a los mismos lugares en distintos escenarios y actores para experimentar los mismos dolores, es como regresar al pasado y querer corregir desde ahí, por eso la importancia de ser conscientes, de «darnos cuenta», por eso la importancia de hacer lo necesario para sentirnos bien, cuando hacemos lo necesario para sentirnos bien, generamos certeza dentro de nosotros mismos y, evidentemente, somos personas confiables y esa confianza se extrapola y milagros ocurren.

Ahora solo toma el desafío, si te saltas el desafío, te saltas la bendición. La mayor parte de nuestro sufrimiento viene de creer que somos eso que no somos, de cubrir expectativas ajenas, de esta eterna batalla entre la realidad y nuestros estándares.

La certeza tiene que ver con lo que sí quieres, tiene que ver con que, así como disciplinas tu mente para visualizar lo que no deseas, puedes disciplinarla para enfocarte en lo que sí. Por eso se habla también del poder del pensamiento y el sentimiento, porque cuando movemos dentro de nuestro corazón, movemos el mundo afuera.

Certeza es fluir influyendo, no es sentarte en un sofá a comer Nutella y esperar que las cosas ocurran, va de dar lo mejor y soltar el resultado. Fluir es soltar el «ya lo sé» por abrirnos a «hay mucho más», y cuando soltamos el «ya lo sé», se abren infinitas posibilidades. Por eso es importante mantener la mente abierta para observar ese mundo de posibilidades infinitas. Y así, cuando haces lo que te toca, abrazando lo que llega, sin resistencias, como un entretejido perfecto van acomodándose los hilos: llega la persona indicada que te dice justo lo que necesitabas, el libro que habla dando respuesta a la pregunta más profunda y existencial de tu corazón, una sonrisa que te cambia el día, un encuentro mágico con alguna persona desconocida. Encendiendo tu luz interior, la chispa divina que habita en tu pecho, todo se acomoda mágicamente cuando nos abrimos a eso más elevado. Conecta con el corazón, escucha lo que en silencio te dice, pero sobre todo, sé consciente de que esa luz te está llevando a un lugar mejor.

El perdón es la fragancia que la violeta deja en el talón que la ha pisado.

Mark Twain

CAPÍTULO IX

La infalible medicina del perdón

Estableciendo el equilibrio en nuestra alma

El perdón es, sin duda, unos de los trabajos internos más complejos, un ejercicio que implica renunciar a una parte nuestra, a las ganancias que muchas veces genera el ser víctima, supone dar muerte a un pedacito de nosotros para dar paso a alguien distinto, un nuevo Yo.

Cuando hablamos de perdón hablamos de una decisión, pero también un proceso orgánico, una etapa que supone tiempo y que, si bien la intención de soltar y sanar existe, habrá que ser muy pacientes y compasivos.

Qué importante es comprender que no estamos a merced de las circunstancias externas, que todo el tiempo elegimos, y no hacer también es una elección que, generalmente, nos mantiene en estado de víctimas. La vida siempre nos pone delante lo que está en sintonía con nuestra frecuencia vibratoria, porque, ya hemos dicho, uno atrae lo que en algún recóndito lugar de su ser es.

Todo lo que está afuera de nosotros, lo creamos desde nuestra inconsciencia. Siempre estamos frente a nosotros mismos, todo es una correlación de nuestro sistema de creencias, como es adentro, es afuera.

Pero ¿a dónde puede llevar todo esto?...

A comprender que perdonas a través de ti, primero dentro de ti, por haber dejado la responsabilidad de tu propio bienestar en manos de alguien más, por no haberte mirado, por no darte cuenta de que habías venido actuando desde la consciencia infantil y no desde el adulto responsable.

Nadie te puede hacer daño a menos que tú le des espacio en tu mente, y sabiamente lo decía Gandhi: «No permitiré que nadie camine por mi mente con los pies sucios».

Verás que perdonar empodera, porque recuperas tu poder soltando el control, lo que no es tuyo y asumiendo lo que toca.

Es importante reestablecer el equilibrio en nuestra alma y esto ocurre a través de las experiencias de contraste, así que, intenta tratarte como te gustaría ser tratado, háblate amorosamente y proyectarás algo distinto, perdónate a ti y, al convertirte en tu filántropo, dejarás de atraer verdugos.

Mas ¿qué hay que hacer para perdonar?...

No se puede redimir lo que no se ha asumido, es bien importante que tu sombra no esté lejos de ti, así que párate y toca tu odio profundo, descarga la basura en un lugar seguro (toma la almohada y golpea tu cama, escribe una carta haciendo catarsis y rómpela, tensa todo el cuerpo y suelta, corre y luego llora, etc.), no renuncies a ninguna emoción, pero esta vez hazlo desde el adulto y pregúntate: «¿qué alcanzo a comprender del que creo que es mi adversario?», revive el daño e interioriza la intención de sanar tú en principio, construyendo una autoestima sana, haciendo lo que más disfrutas, comiendo más sano, practicando tu deporte u *hobby* favorito y cumpliéndote todo lo que te prometes.

Que esta vez seas tú quien decide y no tu miedo, deja de preocuparte, mira que la angustia es la mejor forma de atraer lo que no queremos.

Si tú te encargas de ti y trabajas contigo, silenciosamente, contribuirás a la sanación de quienes te rodean, insisto... desde el amor a ti y no desde el control al otro o a las circunstancias.

Una mente minimalista

Un día de tantos, mientras ordenaba mi clóset, observaba que entre más pasa el tiempo voy consumiendo menos, me daba cuenta de que mi vida era cada vez más minimalista. De hecho, siempre que compro algo, saco algo para regalar, sustituyo ropa y zapatos y cuando llega fin de año, hago un *scouting* entre todos mis objetos para ver qué ya no he usado y libero espacio.

Pienso en qué bien nos haría poner nuestra voluntad para seleccionar esas emociones y sentimientos que hoy ya no nos abonan, qué bueno sería no sólo depurar el clóset o la zapatera, sino también las redes y los círculos sociales, limpiar nuestras creencias, introyectos, pensamientos, percepciones y palabras y qué maravilloso sería hacer limpieza roja al corazón y liberar resentimientos pasados.

Pienso también en la importancia de aligerar nuestra propia carga, y es que no nos damos cuenta, pero creamos todo aquello de lo que nos defendemos, tenemos muchos sentimientos fracturados respecto a nosotros mismos y desde esta percepción nos relacionamos con el mundo.

Un curso de milagros dice que nuestra tarea no es buscar el amor, sino encontrar todas las barreras que en nuestro interior hemos construido contra él.

Mi amigo Jorge me hablaba de una profunda incomodidad que le habitaba porque se había sentido juzgado por sus socios y su *coach* respecto a sus metas en ventas del año, yo lo sentía muy enganchado ahí, molesto e incómodo, él se vio muy conservador con sus números respecto a sus pares y, explorando los hechos, yo le proponía mirarse y encontrar qué parte suya sobre las dudas y cuestionamientos de ellos hacia él eran una proyección de su verdadero sentir sobre sí mismo, le decía que no era de nuestro interés el objetivo de sus socios, sino más bien, saber si él estaba cumpliendo sus propias expectativas con él mismo, no sólo en el plano profesional, sino también en las otras dimensiones de su vida, él exploraba y pudo reconocer su propia voz flagelándose un poquito y entonces caímos en cuenta de que ellos eran sólo el eco de su propia voz y que, más allá de cumplir las expectativas de sus vecinos, se trataba de cumplirse a él, que una vez que se acomodara en su propia piel, afuera todo se tranquilizaría.

Podemos poner este ejemplo en cada una de las situaciones de nuestra vida, nos cuesta trabajo llevar los reflectores a nosotros y nos saturamos la mente, nos abrumamos y sufrimos y nos peleamos con el mundo, y es que si no traemos eso a nuestra consciencia, la vida se encargará de ponernos en situaciones similares hasta que recordemos quienes somos en realidad. Creemos que nos enojamos porque el otro nos ha hecho algo, pero en realidad nos enojamos por lo que nos hacemos a nosotros mismos o hemos dejado de hacer para nosotros.

Reflexiono sobre todas esas veces en las que decimos que no podemos confiar en nadie y cómo nuestra mente interpreta cada cosa desde esa óptica. Los demás quizás tengan toda la intención de darnos amor incondicional, pero si nosotros tomamos la decisión de no confiar, ocurrirá como dice *Un curso de milagros*: «Habremos decidido lo que queremos ver antes de verlo». Nuestro ego intenta convencernos de que el otro es un imbécil, pero lo bonito aquí es que si decidimos vaciar incluso nuestra mirada para darle cabida a una imagen distinta al mundo y encontrar la perfección en cada situación, estaremos perfeccionándonos a nosotros mismos a la par.
Los seres humanos cargamos con una cantidad importante de diálogos internos, cosas que nos repetimos que generalmente están cargadas de enojo y pasado, y es ahí donde hay que de-

purar, donde hay que limpiar y cambiar la narrativa. Así que date cuenta de que el enemigo no es el otro, sino más bien, un sentimiento pasado sobre ti misma o sobre ti mismo, algo dentro de ti que hay que ajustar. Entre más intenso el dolor, mayor la oportunidad de sanar y liberar para expandirnos.

Sin embargo, para vaciarte y sanar, necesitas darle permiso al amor divino incondicional, no basta con pedirlo, sino también con quitarte de tu propio camino, con buscar esos espacios de silencio y sólo dejar que la divinidad te atraviese. Me siento extraña hablándote un poco de esto, porque cada quien cree en lo que cree y, como te habrás dado cuenta a lo largo de estas páginas, yo creo fielmente en el poder de la meditación y de la oración consciente.

Así que, cuando busques la perfección en los demás, asume que las estás buscando en ti; cuando quieres que el otro te escuche siempre, es porque te escuchas a través de él; cuando esperas que alguien más te valide, es porque tú aún no terminas de aceptarte, y sí, todo esto es trabajo de tiempo completo dentro de este juego de la vida.

Creo que el minimalismo mental, justo, se trata de recoger nuestro relajito interno. Dejemos de analizar tanto nuestras neurosis, nuestros antecedentes familiares y el impacto que tiene en nuestra personalidad de hoy, dejemos de ponerle betún al asunto y démonos cuenta de que vaciarnos es una decisión, transformarnos es un acto de voluntad que está disponible en este justo segundo, así como elegimos poner en orden nuestros espacios físicos, podemos ordenar nuestra mente.

Un cuadro de Rembrandt

Hace muchos años, en alguna de mis clases de Comunicación Humanista, mientras estudiaba Desarrollo Humano, analizábamos un cuadro de Rembrandt fascinante llamado *El regreso del hijo pródigo*, de hecho, hay un libro hermoso al respecto llamado así: *El regreso del hijo pródigo. Meditaciones ante un cuadro de Rembrandt*, su autor es Henri J. M. Nouwen y lo tengo en mi mesa porque es un tema que quise tocar en mi taller del Perdón y traerte también aquí.

Tal vez lo primero que se me ocurre es invitarte a buscar esa obra de arte y observarla, contemplarla y conectar con cada uno de los personajes.

Este cuadro está basado justo en la parábola bíblica que te comparto a continuación:

—*Un hombre tenía dos hijos* —*continuó Jesús*—. *El menor de ellos le dijo a su padre:*

—*Papá, dame lo que me toca de la herencia.*

Así que el padre repartió sus bienes entre los dos. Poco después, el hijo menor juntó todo lo que tenía y se fue a un país lejano; allí vivió desenfrenadamente y derrochó su herencia. Cuando ya lo había gastado todo, sobrevino una gran escasez en la región y él comenzó a pasar necesidad. Así que fue y consiguió empleo con un ciudadano de aquel país, quien lo mandó a sus campos a cuidar cerdos. Tanta hambre tenía que hubiera querido llenarse el estómago con la comida que daban a los cerdos, pero aun así, nadie le daba nada. Por fin recapacitó y se dijo:
—*¡Cuántos jornaleros de mi padre tienen comida de sobra, y yo aquí me muero de hambre! Tengo que volver a mi padre*

y decirle: «Papá, he pecado contra el cielo y contra ti. Ya no merezco que se me llame tu hijo; trátame como si fuera uno de tus jornaleros».

Así que emprendió el viaje y se fue con su padre.

Todavía estaba lejos cuando su padre lo vio y se compadeció de él; salió corriendo a su encuentro, lo abrazó y lo besó. El joven le dijo:

—Papá, he pecado contra el cielo y contra ti. Ya no merezco que se me llame tu hijo.

Pero el padre ordenó a sus siervos:

—¡Pronto! Traigan la mejor ropa para vestirlo. Pónganle también un anillo en el dedo y sandalias en los pies. Traigan el ternero más gordo y mátenlo para celebrar un banquete. Porque este hijo mío estaba muerto, pero ahora ha vuelto a la vida; se había perdido, mas ya lo hemos encontrado.

Así que empezaron a hacer fiesta.

Mientras tanto, el hijo mayor estaba en el campo. Al volver, cuando se acercó a la casa, oyó la música del baile. Entonces llamó a uno de los siervos y le preguntó qué pasaba.

—Ha llegado tu hermano —le respondió—, y tu papá ha matado el ternero más gordo porque ha recobrado a su hijo sano y salvo.

*Indignado, el hermano mayor se negó a entrar. Así que su padre salió a suplicarle que lo hiciera. Pero él le contestó:
—¡Fíjate cuántos años te he servido sin desobedecer jamás tus órdenes, y ni un cabrito me has dado para celebrar una*

fiesta con mis amigos! ¡Pero ahora llega ese hijo tuyo, que ha despilfarrado tu fortuna con prostitutas, y tú mandas matar en su honor el ternero más gordo!

—Hijo mío —le dijo su padre—, tú siempre estás conmigo, y todo lo que tengo es tuyo. Pero teníamos que hacer fiesta y alegrarnos, porque este hermano tuyo estaba muerto, y ahora ha vuelto a la vida; se había perdido, mas ya lo hemos encontrado.

Lucas 15:11-32

Si observas este cuadro hermoso de Rembrandt, te encontrarás con la imagen de un padre con un hijo de rodillas, rodeados de cuatro curiosos, es sumamente conmovedor, y es que, por otro lado, me parece importante también poner en antecedente un poco sobre el contexto en el que el cuadro fue pintado.

Rembrandt pintó este cuadro en los últimos años de su vida; de hecho, él pintaba autorretratos y es muy interesante mirar las etapas de su vida a través de sus cuadros. Rembrandt en su juventud fue sumamente exitoso, ganó mucho pero también perdió mucho, tenía costumbres extravagantes, era un hombre popular, sin embargo, vivió una etapa en donde perdió a su hijo mayor, dos años después a su hija Cornelia, dos años más tarde perdió a su segunda hija, también llamada Cornelia, y a los dos años de esta pérdida, murió su gran amor, su esposa Saskia, a quien él admiraba profundamente; se casó otra vez, volvió a perder al hijo de esa relación y tuvo nuevamente a una hija, de nuevo, la llamó Cornelia, y esta fue la única que sobrevivió.

Toda su fama cayó en picada, tuvo muchos temas financieros y fue declarado insolvente, de hecho, todas sus obras fueron subastadas en Ámsterdam por ahí de 1657 y 1658.

A sus 50 años, consiguió un poco de paz, pero es como si todo lo que hubiera vivido lo hubiera purificado. Él murió a sus 63 años, muy pobre, en compañía de su hija, su nuera y su nieta.

Y lo que este cuadro refleja es justo esta parábola bíblica, pero como si él hubiera comprendido que ese había sido el trayecto de su alma.

Yo, a través de esta obra, pienso en el amor, en el perdón y la compasión, en cómo las palabras y los reclamos que interiormente nos hacemos, pueden ser demasiado ruidosos y crudos. Pienso en la dignidad humana y cómo hay amor disponible para todos, sin embargo, a lo largo de nuestra vida hemos estado buscando amigos, popularidad, suplicando afecto, saturados de cosas para hacer, rogando que nos aprecien, que nos quieran, que nos consideren, es como ir a esa tierra y derrochar nuestra fortuna.

Nos vamos de nosotros, guiados por la voz del ego que dice: «Sal y demuestra que vales», y esto hacemos como si realmente tuviéramos que salir y pelear para ganarnos el derecho de ser amados.

Como el hijo pródigo, nos vamos de nuestro hogar cuando perdemos la fe y es que la tragedia de nuestra vida es que vamos todo el tiempo buscando amor, y pienso en el que se obsesiona con un solo árbol de un hermoso y vasto bosque, esa es la tragedia de la vida.

Y me parece tan importante el silencio porque el amor habla despacito, desde los lugares más recónditos de nuestro ser, no es esa voz bulliciosa que exige atención como ocurre con nuestro ego. La voz del amor es como la mirada del padre del cuadro que está casi ciego, es esa voz que sólo puede ser escuchada por quien se quiere dejar tocar por este amor.
Henri J. M. Nouwen menciona algo muy interesante, dice que «dejamos el hogar cuando escuchamos esa cantidad de voces

que nos ofrecen una inmensa variedad de maneras para ganar amor», tales como: «Demuestra que eres buena, pero no sólo eso, sino también que eres mejor que tu amiga», «¿qué tal te sentaría de bien ese reconocimiento o esa cantidad de *followers*?», «¿cómo te apellidas, cuál es tu título y quiénes son tus contactos?», «¿estás segura de que quieres ser amiga de ella con la mala reputación que tiene?», o «¡no muestres tu vulnerabilidad porque pueden usarlo en tu contra!».

Cuando olvidamos que somos parte de esta gran fuerza que nos sostiene y nos desconectamos de este amor que lo envuelve todo, es que esas voces cobran fuerza y nos obsesionamos con tener éxito, con el hecho de sentirnos solos y que el mundo conspira en nuestra contra.

Tenemos tanto miedo a no gustar y, generalmente, vivimos buscando estrategias para defendernos y asegurarnos el amor. En su libro *Amar lo que es*, Byron Katie dice: «Si yo tuviera una oración, esta sería: "Dios, libérame del deseo de conseguir amor, aprobación o aprecio. Amén"».
Y así, cuando esperamos todo de afuera, hacemos de nuestra vida una lucha por sobrevivir y no una lucha sagrada.
En conclusión, lo hermoso de esta parábola y este cuadro es que el hijo pródigo tuvo que perderlo todo para volver a su ser.

Nadie afuera puede satisfacer las necesidades más profundas de nuestro corazón, entonces, a través de este capítulo, te invito a volver a casa, quizás el trabajo sea convertirnos como ese padre amoroso que abraza al otro, compasiva e incondicionalmente y, en una de esas, abrazarnos a nosotros mismos y tomarnos fuerte de la mano, soportados de toda nuestra riqueza interior y todo nuestro poder creador para construir la vida que soñamos.

En una de sus muchas peleas, Hércules luchó con Anteo. Lo derribó a tierra repetidas ocasiones, pero en lugar de ganar, Hércules iba perdiendo. Se estaba fatigando, mientras que Anteo se levantaba cada vez más fuerte después de tocar la tierra. Entonces Hércules se dio cuenta de que su adversario era hijo de la madre tierra, y de que cada vez que volvía a ella, salía renovado y fortalecido. Al comprenderlo, levantó a Anteo y lo sostuvo en el aire hasta que murió.

Alexander Lowen

CAPÍTULO X

Pensar con los pies también sana

Rompiendo el hechizo

Arraigarse, mirar y dejar pasar de largo esas fantasías catastróficas que ocurren dentro de cada uno, bajar de la mente a la acción, liberar el pasado para seguir andando, significa para mí pensar con los pies.

Marco Vieyra, mi querido maestro, me dio la idea del título de este último capítulo y, por alguna razón, quiero hablarte de mi padre. Empezaré por contarte que recuerdo todos esos años en los que lo juzgué como hombre y no como padre, existe una gran diferencia en los juicios de una hija y los juicios de una mujer, tuve que bajarme en el organigrama para poder mirarlo mejor desde ese lugar original que yo ocupo en mi árbol.

Te voy a contar un secreto. Hace algún tiempo realicé una constelación guiada por Marco, a quien por cierto yo le llamo «Huesero de almas», porque siempre que toco base con él, algo reacomoda dentro de mí, no siempre lo hace fácil ni suave, pero lo hace. En esta constelación, gracias a su infalible guía, surgió la revelación de que yo tomé el lugar de mi papá, y es que ocurrió que, por circunstancias propias del espacio, yo dormí con mi madre varios años a lo largo de mi infancia y adolescencia en ese lugar que le pertenecía a él.

La lealtad con mamá ha sido muy clara, y una de las cosas que más lamento es que, independientemente de la agenda que hayan tenido mis padres, el día que fui cómplice de mi madre para internarlo en AA, jamás entendí que no se trata sólo de quien padece una adicción, sino de todo su sistema, que, sin darnos cuenta, todos contribuimos y nos enfermamos juntos, nos enfermamos de neurosis y codependencia, y que si bien, en mi caso, esa adicción nunca se vio reflejada en sustancias, sí ocurrió en un plano relacional.

Prácticamente, no crecí con él. Tengo muy pocos recuerdos de él y yo juntos cuando era muy pequeñita y, por azares del destino, él volvió a casa cuando yo volé. Recuerdo que en mi afán de construir una relación con mi padre, yo compraba libros para él y así poder tejer conversaciones en torno a historias, autores y lugares fantásticos.

Una de las cosas por las cuales lo juzgué mucho tiempo fue porque, dado su alcoholismo, él dejó de trabajar a una edad temprana, pero la realidad es que él, a pesar de todo, era un alma buena, con su propia historia detrás, con una percepción alterada, como nos ocurre a todos, y con esa incapacidad de sostener y cultivar relaciones profundas porque su sistema completo se enfocó en sobrevivir ante tanto dolor a través del alcohol. Pese a que él había dejado de trabajar muchos años atrás, nunca le faltó nada porque sus hijos siempre estuvimos para él, tenía su provisión de cigarros —hasta el día que decidió dejar de fumar—, ropa, zapatos, sombreros, lociones, sustento y, lo más importante, cuidado. Pero bajo la mesa, yo, como buena jueza, apuntaba con mi dedo índice hacia él, evidenciando su no hacer y tenerlo todo fácil, ¿pero sabes?, con los años, un día me cayó el veinte de que mi padre en realidad era un ser conectado con la abundancia, tal vez él lo único que hacía era confiar en que no le faltaría nada y, efectivamente, todos colaborábamos para que no le faltara nada nunca. Tomé esa lección y, por supuesto, mi vida cambió en ese aspecto, yo también aprendí a ponerme a la altura de la vida, porque la vida no se bajaría a mi nivel.

Es verdad que muchos años de mi vida tuve ese anhelo de su presencia, pero un día entendí que, muchas veces, las personas no es que no se quieran quedar o no quieran estar, sencillamente no encuentran cómo, no les alcanza. También supe que sin su distancia, mis alas no habrían sido tan largas y anchas. Aprender a honrar a mis padres y aprender a entregarles mi vulnerabilidad internamente, ha sido todo un viaje, de hecho, recuerdo que aquella vez, luego de haber constelado con Marco —que por cierto el motivo de esa constelación fue explorar el perfil de esos hombres con los que yo me relacionaba—, me dijo:

—El hechizo se romperá cuando la próxima vez que mires a tu padre lo tomes de las manos, lo mires a los ojos y le digas: «Te regreso tu lugar, muchas gracias porque lo hiciste muy bien».

Lo hice, fue hermoso y liberador, él no se dio cuenta de mucho, dada su demencia senil, pero lo que sí es una realidad, es que su alma lo entendió perfectamente.

A veces las personas tomamos energéticamente eso que no es nuestro y nos ponemos zancadillas nosotros mismos. Pensar con los pies tiene que ver con hacer lo necesario para allanarnos el camino, haciéndonos la situación más fácil, y es que a veces decimos: «la vida no es fácil», no obstante, yo creo que la vida es sólo la vida, lo fácil o difícil es el betún que nosotros le ponemos.

Una de las cosas que tuve oportunidad de trabajar fue el no sólo tomar a mis padres, sino también visualizarlos sin mí en medio, tomados ellos de la mano o tan fácil como tomándose el uno al otro. Como hijos nos tomamos la atribución de querer administrar la agenda que existe entre ellos, sin embargo, la realidad es que, en silencio, ellos tienen sus acuerdos, aunque a veces no lo parezca.

A lo largo de muchos años, mientras trabajaba en terapia, tuve la fantasía de que el día que él se fuera, muchas cosas se acomodarían dentro de mí, hoy me doy cuenta de que era mi impotencia ante mis pocas herramientas y recursos internos de aquel momento, ni él ni yo sabíamos cómo hacerlo, aunque estoy segura de que nos habría encantado.

Él se fue, trascendió luego de haber purificado su corazón a través de un cuerpo adolorido, frágil y completamente dependiente. Sus ojos se apagaron poco a poco, en medio del dolor, rodeado de sus hijas y sus nietos, se despidió de esta encarnación, y sí, tal como lo hice con mamá, estuve atenta a los latidos de su corazón, le di masajitos circulares en el timo una y otra vez, lo acompañé con rezos y canciones, hubo tiempo para estar con él, abrazarlo, besarle las manos, la frente, los pies; hubo tiempo para hacer referencia a todo lo bueno que tuvimos, para agradecer su herencia y honrar su legado, integrando todas y cada una de sus versiones, tanto al papá que tuve cuando tenía 5 años, como al que tuve cuando su partida. Él no podía hablar más, entonces orábamos por él, y siempre que rezábamos el Padre Nuestro, él hacía como podía un movimiento suave de apertura de brazos, esperando la voluntad divina, resultaba muy emotivo observar la espera de la misericordia infinita.

Mi papá me enseñó a ser yo, tan sólo siendo él. Me dejó su gusto por la novela histórica y la metafísica, también me enseñó que el descaro no es ningún problema, en realidad abona mucho para construir una vida plena y auténtica.

Así como de mamá me traje un rebozo, de él tomé una camisa color azul cielo con rocío de su perfume, así que, cuando necesito ayuda o sencillamente me invade la tristeza, coloco el rebozo y la camisa frente a mí y los llamo entre rezos, me da la sensación de tener a dos padrinos mágicos, cuya energía y amor incondicional están disponibles para mí en todo momento y de manera contundente cuando los llamo.

Desaprender

Pensar con los pies requiere de una dosis de olvido, porque el arraigo tiene que ver con el presente y sus regalos, si se mira al pasado, no estamos pensando con los pies, para poder hacerlo implica que hemos de desaprender.

Generalmente, las personas hablamos de todo lo que aprendemos a lo largo de nuestra vida, compartimos experiencias y nos jactamos de todo lo que hemos estudiado, los grados que hemos logrado, de la cantidad de libros que hemos leído, los viajes que hemos hecho, etcétera. Sin embargo, creo que llega un momento en el que para poder continuar avanzando en la vida, más allá de romper alguna creencia, o cambiar algún paradigma o maneras de hacer, hemos de desaprender. Muchas veces sostenernos en nuestras propias piernas implica soltar, renunciar a personas, roles, relaciones, círculos sociales o lo que sea que percibamos que tiene el poder de paralizarnos, aun cuando sintamos que ese otro nos ame, se trata de decir adiós a esa parte nuestra que se ancla ahí. Aprender a sostenernos en nuestras dos piernas implica cuestionarnos y dejar de hacer cosas para sentirnos bien recibidos, amados o validados.

Desaprender nos puede llevar al autoexilio de nuestra propia tribu, a renunciar a pactos y lealtades que hemos llegado a hacer con nuestros ancestros y hoy no nos permiten ser gozosos. Cuando decidimos desaprender, podemos llegar a caer de rodillas, de hecho, hay una frase de Victor Hugo que me conecta con este hecho y dice: «Ciertos pensamientos son plegarias, hay momentos en que, cualquiera que sea la actitud del cuerpo, el alma está de rodillas».

Tanta estructura, tanto cubrir expectativas, tanta rigidez nos vuelve más frágiles, hace que nos rompamos con facilidad debido a esos pensamientos que, justamente, nos apegan a esos títulos, roles y logros, pensamientos que nos hacen sufrir de sobremanera y nos tienen postrados a nuestros apegos, dejando que las reglas del juego sean las que nos definan a nosotros en lugar de ser nuestro ser esencial el que ponga las reglas del juego.

La pregunta del millón es: ¿cómo saber que es hora de desaprender? Es hora de desaprender cuando ya nada te sale, cuando ya deja de funcionarte lo de siempre, cuando sientes que no encajas en algún lugar, en una relación, cuando sientes que te llega el agua al cuello, cuando sientes que tu mundo se desmorona, es momento de renunciar a ti y darle paso a ese tú que, aunque tenga que vender sus muebles para emprender ese proyecto que siempre ha soñado, sabe que cualquier riesgo vale la pena porque tú vales la pena, para darle paso a esa decisión que te ha venido volando la cabeza, probablemente no desde hace meses, sino años.

La meditación es un vehículo orgánico de vacío en donde, sencillamente, en mi caso, pongo la intención de desaprender, poniéndome en manos de la Fuente para resetear mi casete, dejando en sus manos todo eso que ya no entiendo y que, además, no sé qué hacer con eso, eso a lo que no puedo renunciar pero que tampoco puedo contener porque me rebasa, entonces, cuando medito, en realidad lo que hago es cambiar mi narrativa, sin embargo, los cambios internos son silenciosos.

La mala noticia es que no hay receta que yo pueda darte para desaprender, creo que se trata de compartirte que hay días en donde yo amanezco agotada, inclusive con dolor de cuerpo, como si una aplanadora me hubiera pasado encima y entonces, justamente, es cuando me siento a meditar, con todo y mi cara de atropellada y el ego revolcado por un tsunami, dada mi falta natural de control. Antes de disponerme a meditar, me pongo cómoda en mi lugar incómodo, me pongo de acuerdo con la vida en que no estoy de acuerdo en todo con ella pero que aun así le confío.

No te distraigas haciendo y haciendo, porque a veces en la vida, cuando nos sentimos incómodos, lejos de hacer vacío, nos llenamos de actividades que a lo único que nos llevan es a evadir, y mientras nos saturamos de haceres, sentimos que la vida se nos vuelve cada vez más pesada e incómoda, nos sentimos fuera de nuestro cuerpo, sentimos que nuestra casa no es nuestra casa y así vamos sintiéndonos fuera de lugar, hasta que volvemos a la Fuente y decidimos reconectarnos. En realidad, nada está mal, sólo estamos desconectados.

Siguiendo las flechas amarillas

Cuando hice el Camino de Santiago, anduve cientos de kilómetros dando espacio al vacío, seguía yo las flechas amarillas, muchas de ellas dibujadas en el asfalto, otras señalizadas a los lados del camino que me llevaban a Santiago de la Compostela.

Anduve por la ruta jacobea antigua, se inicia en Roncesvalles, Francia, y atesora pisadas de miles de peregrinos, son 750 kilómetros para pensar, sentir y contemplar desde ahí hasta la Compostela. Son muchos los kilómetros que ha andado mi alma y esas flechas amarillas, muchas veces, han sido cada uno de mis seres amados, mis ángeles sin alas y muchos maestros de los que aprendí a través del dolor; pienso en mi infancia y mis pecas, en mi madre tan íntegra y completa, pienso en mi ánima y mi animus, en cómo cada paso dado lo construí desde mucho antes, hay cosas que ya están escritas por nuestra natural bondad o consecuencia de esas lecciones áridas, cómo cada ser humano —cada flecha amarilla— que he visto durante mis años me ha llevado a conseguir un regalo, tal vez un nuevo amigo, un mejor empleo, un rumbo distinto en una nueva ciudad, una nueva pasión, un libro, una pizca de sabiduría, un amor más fuerte, una sonrisa más amplia, una dosis de magia, un sueño diferente, un compromiso más grande, un abrazo estrujado, etcétera. Seguir las flechas amarillas me ha acercado a almas grandes, me ha permitido encontrar en mí una fe más honda, sentir la gracia y fluir en ella, aplastar mi ego y aprender a convivir con la frustración y la muerte, a construir nuevas historias y romper viejas creencias.

Las flechas amarillas son, muchas veces, no las más visibles ni las más brillantes, algunas veces pueden estar ocultas entre matorrales o en el lugar menos imaginado, menos deseado, en el sitio más incómodo, pueden estar ocultas en el rostro más desagradable del día a día, en la actividad más monótona, en la voz más áspera, en la soledad, en los amores rotos, en las relaciones también quebradas, en las fricciones, en la tristeza y las lágrimas… Ahí están las flechas amarillas y aún con miedo o duda vale la pena seguirlas, aún en la noche oscura del alma, en la angustia y la aflicción… Ahí están las flechas amarillas.

La diferencia entre aquel momento en el que hice el camino y ahora, es que en esos kilómetros yo llevaba un mapa en mano y ahora no lo tengo, no tengo ninguna hoja de ruta, lo único que intento es escuchar mi intuición. Como mencioné anteriormente, la Fuente es parte del silencio, ahí es donde habita y esos instantes de silencio que ocurren entre un pensamiento y otro, es donde sabiduría nueva entra sigilosamente, muy despacio para, sin darnos cuenta, transformarnos como el agua que permea en la humedad.

Si tienes la intención de llegar, sucederá. Todo tiene su tiempo y su momento, sólo sigue las flechas amarillas, sea cual sea el rostro, el color, la emoción, el instante.
Que tus pies te lleven a donde el corazón te guíe. *Ahó.*

La atención en los símbolos: Una posibilidad de cura

Un día de tantos en los que me sentía vulnerable, porque sentía que nada me estaba saliendo, mi amiga Dani, quien es una mujer medicina, me hizo una tirada de runas y tarot para mitigar mi dolor, quería claridad en el mensaje que el Universo quería darme, más allá de saber acerca de mi futuro, quería encontrar esa ventana a mi inconsciente que me revelara eso que yo no estaba pudiendo mirar de mí misma. Llevaba días preguntándome el para qué de algunas situaciones que había estado experimentando a lo largo de esos meses, sobre todo de cosas que no habían salido como yo esperaba; tanto profesionales, como financieras y alguna personal —no pensé con los pies, lo hice sólo con el corazón y me puse en un lugar donde repetiría un patrón que me haría entrar en contacto con la inadecuación—, eso me puso meditabunda, y en el silencio trataba de estar atenta, intentando integrar la experiencia.

Las tres últimas runas me daban un mensaje de transformación radical que implicaba una muerte interna, de esas que dejan al ego descuartizado, hice un sigilo con los símbolos de las tres y lo coloqué en mi altar algunos días. Luego de eso, fuimos a una ceremonia de cacao y eché el sigilo en mi bolsa para activarlo ahí, y a mi llegada, me tocó sentarme exactamente al frente de una imagen de Tonantzin, labrada en madera en relieve, en ese instante supe que la Madre me acompañaría en ese proceso de ajuste interno.
Conecté con la comunidad con los ojos vendados, a oscuras y en silencio, recibía todo lo que llegaba a mí. Entonces, al destaparme los ojos, saqué el sigilo de mi bolsa, lo activé con nueve gotas de sangre que salieron de mi dedo anular de la mano izquierda y luego lo quemé frente a la Madre, lo entregué al fuego de una vela que yo misma hice, una vela que olía

a miel y chocolate; quise que la vida me oliera a dulce un poco más de lo habitual. La vida es dulce.

Con el aceite que desprendía la cera líquida, tibia y perfumada, de rodillas y con devoción, tomé un poco con las yemas de los dedos y me froté el timo en círculos, me masajeé el pecho como lo hacía mamá con ungüentos cuando yo era una niña. Habían sido semanas de mucho movimiento interno, de dolor, de abrazar, de soltar, de rendir, pero transmutó el sigilo y yo con él, se purificó con el fuego y yo también. Y la intención en la ofrenda era *svāhā:*

¡Que se lo lleve el fuego!

Y sólo escuchaba un mantra que salía de mi corazón y decía: «Bienvenida con todas tus partes», pero no sólo lo dije yo, estaban mamá, papá y mi tribu, validando en coro mis palabras, repetían mi mantra conmigo dentro de mí:

«Bienvenida, vulnerable. Bienvenida, Durga.

Bienvenida, la bruja. Bienvenida, Afrodita. Bienvenida, tú…

Bienvenida, Hécate. Bienvenida, Atalanta. Bienvenida, Parvati. Bienvenida, intensa. Bienvenida, tú…

Bienvenida, Kali. Bienvenida, Artemisa. Bienvenida, amorosa.

Bienvenida, Tonantzin. Bienvenida, tú…

Bienvenida, Lakshmi, Bienvenida cuando tienes éxito.

Bienvenida cuando sientes que pierdes. Bienvenida cuando te duele el corazón. Bienvenida la que no sabe.

Bienvenida, tú…»
Luego de eso, la guía me pasó las cartas de un oráculo y la que

me tocó fue Kali, hablando de los finales y comienzos, el mensaje estaba aún más claro: «Hay que sacar lo viejo para que entre lo nuevo». Me sentí muy conmovida, pero pude sentir la presencia contundente de la divinidad guiándome. Llevaba días orando al Padre: «Hágase tu voluntad», sabía que debía confiar en todo lo que estaba pasando. A veces creemos que cuando las circunstancias nos llevan de vuelta a nuestras heridas es porque estamos realmente enfermos, pero más bien, yo diría que es porque estamos sanando, por incómodo que parezca.

El corazón se ensancha y se abre a través del dolor, así que esos días me sentía abierta y, paradójicamente, muy amorosa. Justo, escuchaba también una frase, un proverbio sioux que dice que: «El trayecto más largo que haremos en nuestra vida, será el que va de la cabeza al corazón», y sin duda, el viaje tiene una cuota. Al final, todas nuestras relaciones con los demás son un conducto sagrado para nuestra propia expansión, crecimiento y liberación, porque al final, la espiritualidad o introspección no sólo se cultivan cuando estamos sentados cerrando los ojos, también se hacen con el otro, también se hacen en la comunidad.

Me di cuenta de que, aun cuando las cosas no salieran como yo esperaba o sentía que me colocaba en lugares que me produjeran dolor, mi reacción ante mí misma era distinta, había cambiado mi mirada y trato a mí de manera especial, que si bien yo era alguien que se caía muy bien a sí misma, esta vez me traté con un profundo amor incondicional, esta vez me traté con un respeto sin igual, esta vez sólo me miré con una aceptación que nunca había tenido, esta vez guardé silencio y dejé que mi ego y mis juicios se ahogaran en él. Me miré con ternura, sabiendo que en todos esos episodios que me han mantenido llena de para qué, di lo mejor, saqué mi mejor néctar a la superficie, tuve mucha apreciación de mí misma en lugar de reprocharme o insultarme.

Había pasado largas horas en silencio, algunas viendo el techo, otras meditando, pero tomándome de la mano.

Tuve la capacidad de tomar los mensajes que los símbolos me regalaron a cada momento y eso fue sanador.

Mientras transitaba esa etapa, recordé también ese episodio en el que hace mucho tiempo, cuando sentía que no tenía ni pies ni cabeza, llegué con un doctor, literal, un médico que también se había adentrado a prácticas holísticas, me parece que en ese momento estaba dando algunas sesiones de biodescodificación, numerología y no sé qué más, el caso es que en esa sesión me dijo que mi primer nombre —María— guardaba mucho dolor por historia, curiosamente, en ese momento yo vestía, por practicidad, de negro la mayor parte del tiempo, él también se percató de esto y me dijo que, además, yo venía guardando un luto de no sé si toda la vida, casi casi me llamó María de los Dolores, haciendo alusión a esa advocación de la Madre, una imagen que a mí no me gusta, en donde en algunas iglesias colocan a la virgen vestida de negro, llorando con un pañuelo en las manos, se trata de una estatuilla que me parece un poco tétrica.

Un día, hablando con Marco, le contaba esa anécdota y me dijo algo bien bonito: «Tú puedes escoger si quieres ser esa María de los Dolores o la María poderosa que hizo que convirtieran el agua en vino», me recordó que yo siempre podía elegir.

Los símbolos están en todos lados, puede tratarse de una palabra, un número, un cuadro, una canción, una película, una imagen, una frase o la carta de un oráculo, como te darás cuenta hasta este punto, la medicina se presenta de distintas formas, sonidos y arquetipos.

Y para concluir esta guía medicinal, mi muy querido lector, deseo que tengas los ojos despiertos y un corazón receptivo, una mente abierta, un alma dispuesta, unos pies que te mantengan lo suficientemente arraigados para que puedas volar y que tu intuición sea esa brújula que te lleve ahí donde puedas reconectar con tu ser esencial y recordar que no estás precisamente enfermo, sino más bien, desconectado.

Te comparto una receta poderosa

Espero que hayas disfrutado del recorrido que ofrece este libro, deseo con el alma que hayas logrado dar un recorrido por la botica de tu alma y entrado en contacto con esos recursos de autosanación que estaban guardados en tu estantería y, probablemente, no habías caído en cuenta de que poseías.

Yo, con todo mi cariño, te invito a que a través del siguiente código recojas un regalo que he dejado para acompañarte en tu viaje de introspección y así seguir haciendo uso de esa medicina interna que, bien dosificada, obrará milagros en ti.

Deja de buscar afuera eso que te abunda.

¡Que goces mi regalo!

https://mailchi.mp/878600dae260/lamedicina

Bibliografía

Acevedo, C. (1993). *Mito y conocimiento*. México: Universidad Iberoamerican.

Byron, K. (2002). *Amar lo que es*. Barcelona: Urano.

De la Cruz, J. (1977). *San Juan de la Cruz. Obra poética*. México: Porrúa.

Jung, C.G. (2007). *Psicología y alquimia*. México: Paidós.

La Biblia Latinoamericana. (1972). España: Ediciones Paulinas Verbo Divino.

Myss, C. (2019). *El poder invisible en acción*. México: Penguin Random House.

Nouwen, H. J. M. (1999). *El regreso del hijo pródigo. Meditaciones ante un cuadro de Rembrandt*. España: PPC.

Platón. (2015). *Obras maestras*. México: EMU.

San Agustín (1997). *Confesiones*. México: Ediciones Paulinas.

Moore, T. (2009). *El cuidado del alma*. Barcelona: Urano.

Schucman, H. y Thetford, W. (2007). *Un curso de milagros*. Colombia: Foundation for Inner Peace.

Wilber, K. (1984). *La consciencia sin fronteras*. Barcelona: Kairós.

Datos de contacto

Rosario Cardoso Prado
www.rosariocardoso.com
WA: (55) 10070363
IG: @rosariocardosop